冷麵
羊肉饅頭
山海羹
筍肉
洗手蟹
水團
撥魚

豉羹
瓊珠
水滑麵
紅燒肉
沙魚縷
玉磚
鵪鶉茄
沙魚翅鰾
槐芽溫淘
研膏茶
土步辣羹
羹菜
蒸子鵝
腸血粉羹
糖蒸茄
薑絲梅兒
沙魚襯湯
瓠羹
沙魚膾
蒸羊
水醃魚
白蒿湯餅
糖霜玉蜂兒

淹水木瓜

春繭

螃蟹清羹

炙魚

玉板

綠粉

羊肉饅頭

學饅頭

玫瑰

金橘

水滑麵

砌香

杏片

棗栗餡

櫻桃

豆沙餡

薑梅

引

餺飥

瓜蔞煎

蒸鰣魚

羊肝

蟹黃

菜餅

索餅

橙湯

兒辣羹

灌湯包

春餅

水飯

鱸膾

旋鮓

瓜薑

餃餡兒

薄皮

荷花湯餅

炒鶉子

藥木瓜

浮助酒蟹

細餡

糖醋茄

雞頭釀砂糖

鱠

蟹黃包子

子母繭

鵝鴨包子

糝湯

水飯

滴酥鮑螺

東坡羹

漿水

乳餅

蝤蛑簽

啜羹

炸蟹

脫粟飯

淡茄乾

香稻米

甘蔗

睡蒸餅

薦韭

香藥葡萄

奶房簽

玉延

水晶皂兒

紅鹽荔枝

冰雪冷元子

韭餅

雪藕

羊頭簽

拔霞供

魚羹

血肚羹

炊栗

白粲

錘蒸餅

太平乾飯

木瓜湯

奶房旋鮓

血將鴨

剪花饅頭

奈花索粉

燒羊

土酥

槐葉冷淘

涼漿水飯

畢羅

榆皮索餅

肉鹹豉

梨肉好郎君

荔枝湯

黃雀鮓

紫芝

綠豆甘草冰雪涼水

爆肉雙下角子

煨芋

蒸羊羔

千層

食在宋朝

大宋餐桌上的料理實驗室

李開周 著

開場白　你會喜歡宋朝美食嗎？

第一章　穿越須知

第二章　主食稱王

目錄

第三章　無肉不歡

第四章　水中生鮮

第五章　鄉間素宴

第六章　果品與甜點

目錄

第七章　宋宴探秘

開場白

你會喜歡宋朝美食嗎？

我老家開封有一個培訓機構，給新上崗的導遊辦班，讓我去講兩堂課，題目是「宋朝美食與旅遊推廣」。

宋朝美食我拿手，近些年一直在搜集宋朝食譜，一直在鑽研宋朝烹飪，雖說沒能在這個領域取得什麼成就，畢竟下了十幾年苦功。至於旅遊推廣，對不起，任何一個導遊都比我更清楚。

所以呢，我不管旅遊推廣，專講宋朝美食。考慮到聽眾不是廚師，而是導遊，對文化的需求超過廚藝，對故事的需求又超過文化，所以在那天課堂上，我講了很多故事。例如黑臉包公怎樣正言厲色給下屬灌酒，例如蘇東坡怎樣誤打誤撞調出雞尾酒，例如李清照有沒有可能製作金華火腿，例如范仲淹的親家公最愛吃什麼菜，例如宋太祖的爸爸為什麼會為了一個燒餅大發雷霆……。諸如此類跟飲食沾邊的八卦故事，大家聽得很開心。

末了講到宋朝皇帝一般都吃什麼菜，有人舉手提問，問了一個比較嚴肅的問題：「我們開封小吃那麼多，哪些是從宋朝傳下來的呢？」

我掰著指頭數了數，非常沮喪地告訴他：「很少，非常少。」

花生糕

去我們開封吃過夜市的朋友都知道，當地小吃無非是炒涼粉、紅薯泥、花生糕、羊雙腸、黃燜魚、灌湯包、鯉魚焙麵、羊肉炕饃之類。其中炒涼粉是紅薯涼粉，宋朝還沒有紅薯呢！花生糕的原料自然是花生，宋朝也沒有花生啊！紅薯、花生、番茄、辣椒、玉米、煙草，原產地統統都在美洲，要等到哥倫布發現新大陸以後才傳入歐洲，再等到歐洲殖民者侵入東亞以後才傳入中國，宋朝人是沒有福氣見到這些食材的。至於鯉魚焙麵，儘管造型驚豔，猶如鯉魚穿上蕾絲袍，我們還給它取了「黃袍加身」的美名，但是開封飲食界有一個老前輩明確跟我說過，這道菜是從清朝末年才開始研製的，宋朝肯定沒有。

開封灌湯包的名頭不如揚州湯包響亮，不過做法很有特色。特別是開封第一樓的灌湯包，那「湯」既非皮凍，亦非蟹膏，而是打到肉餡裡的芝麻油，所以吃起來特別香，放涼了也有汁。第一樓為這種湯包中遺的時候，將其源頭追溯到宋朝筆記《東京夢華錄》裡的「王家山洞梅花包子」。

實際上，宋朝人所說的「饅頭」才是包子，當時的「包子」是用菜葉裹餡的菜包。更要命的是，王家山洞梅花包子擺明是梅花造型，而現在開封灌湯包的褶口卻是菊花造型。兩宋三百年，飲食興旺，美食琳琅，可是現存文獻中載有具體做法的食物最多只剩百餘種，其中不包括這道「王家山洞梅花包子」。我們只知其名，不知其法，硬將現代湯包往一種不是包子的宋朝食物上靠，有作假騙人的嫌疑。

當然，歷史是歷史，美食是美食，古代是古代，現代是現代，儘管我老家的灌湯包以及其他很多標明傳自宋朝的小吃都跟宋朝無關，我還是喜歡這些小吃，並非常真誠地邀請所有好朋友到開封來品嘗。是的，它們並非來自宋朝，可是這跟味道好不好有什麼關係呢？

大家都吃過東坡肉吧？一直以來，人人都說它是蘇東坡發明的，是地地道道的宋朝美食。可是翻遍《三蘇全書》，翻遍蘇東坡的詩詞、信札、筆記和寓言故事，你絕對找不到任何一種東坡肉做法。蘇東坡倒是親手做過肉，做的是豬頭肉，方法非常簡單，大鍋猛煮而已，小火慢燉而已。用蘇東坡撰寫的《豬肉頌》和《煮豬頭頌》去「復原」他做的豬頭肉，遠遠沒有現在的東坡肉好吃，更沒有東坡肉好看。

很多朋友都喜愛杭州名吃「西湖醋魚」，又名「宋嫂魚」，據說它也是宋朝美食，是南宋一個名叫宋五嫂的漁婦發明的。傳說宋五嫂年輕守寡，貌美如花，被遊賞西湖的宋高宗看中，想納她入宮為妃，她嚴詞拒絕，讓皇帝吃了閉門羹。事實上，這個宋五嫂只是北宋末年逃到杭州的開封老太太，年齡比宋高宗都大，沒有別的手藝，在西湖岸邊賣魚羹為生。宋高宗確實嘗過她的魚羹，讚不絕口，讓她在杭州飲食界突然走紅，生意好得不得了。但是她當年售賣的魚羹與現在杭州的西湖醋魚有任何關係嗎？絕對沒有。魚羹是喝湯的，西湖醋魚是喝湯的嗎？

近些年文化復興，歷史升溫，為美食打上文化的粉底，穿上歷史的袍子，編造一些不切實際的民間傳說，有助於「申遺」，有助於讓人們在品嘗美味的同時，獲得一些虛頭巴腦的精神享受，仿佛真的穿越千年，與古人同呼吸共命運了。文化包裝在飲食行業方興未艾，全國皆然，我們不妨像看電視劇一樣來欣賞——電視劇只要故事好看就行，不需要尊重歷史，只要你把故事編得圓，把張飛演繹成美女都無所謂。

作為一個研究歷史的吃貨，我喜歡好吃的食物，也喜歡真實的歷史，我知道現在的美食有多麼好吃，也知道宋朝的美食究竟是什麼樣子。坦白講，把真正的宋朝美食端到現代人的餐桌上，現代人未必喜歡。

四川綿陽有一家書店，一樓賣書，二樓賣飯。前年拙著《宋朝飯局》上市，這家書店根據書裡描述的做法，開發了一系列宋朝美食。店主很聰明，對菜色做了一些改良。也就是說，為了迎合今人口味，他沒有完全遵循宋朝做法。為什麼不完全遵循宋朝做法呢？因為宋朝沒有辣椒，而一桌沒有辣椒的菜肯定無法吸引今日四川的顧客。

香港旺角有一家粵菜館子，主廚是我的讀者，也曾按《宋朝飯局》開發菜色，港媒有報導。剛開始有噱頭，顧客盈門，後來慢慢就被遺忘了。因為主廚太尊重歷史，除了炊具和餐具用現代的，食材搭配與烹飪手法全照宋朝模式來，味道不行。

二〇〇九年初夏，臺北信義也有一家飯店按《宋朝飯局》開發「饗宋宴」，將書裡介紹的鯊魚皮、羊頭簽、青魚子、田雞菜、橙甕、肉生、餺飥、餶飿、畢羅、撥魚兒等菜色與主食一一復現，根據造價高低分成三種宴席，從新臺幣三萬元到四千元不等。我的版權經紀人前去品嘗，發現顧客很少。第一，定價太貴，不親民；第二，並沒有想像中那麼美味，遠遠比不上石斑魚和佛跳牆。

我自己早就嘗試著做一些宋菜，並請朋友一起享用。去年還在一個美食綜藝節目中現場還原宋代甜品「荔枝膏」，讓京城美食界幾位專家評點。反響如何呢？我只能老實交代說：慘被打臉。並非我廚藝太差，也不能說所有宋菜都不好吃，只能說它們符合宋朝人的口味，不太符合現代人的口味。

從大歷史的眼光看，口味變化是很快的。沈括在《夢溪筆談》中說過：「大抵南人嗜鹹，北人嗜甘，魚蟹加糖蜜，蓋便於北俗也。」南方人一般喜歡鹹味，北方人一般喜歡甜味，做魚做蟹時加糖加蜜，是為了迎合北方人口味。現代人聽了沈括這句話，一定覺得乾坤顛倒：不對啊，南方菜偏淡，北方菜偏鹹，燒菜放糖，明明是南方特色嘛！其實沈括說的沒錯，宋朝時南方人的口味恰恰像今天北方人的口味，今天北方人的口味恰恰像宋朝南方人的口味。

拋開口味差異不談，單論烹飪，我認為現代人一定勝過宋朝人，現代廚師一定超越宋朝廚師。

首先，我們的食材比宋朝更加豐富，可供利用的品類更多。辣椒、番茄、花生、馬鈴薯、玉米、南瓜、番薯、花椰菜、蓧麥菜、青花菜、荷蘭豆、櫛瓜、奇異果……，這些植物統統是在明朝以後才陸續進到中國，宋朝人見不到。

其次，我們的炊具比宋朝更加便利，電烤箱、電磁爐、榨汁機、料理機，用起來多麼方便！宋朝沒有嘛！記得有一年我在節目上還原宋代甜品荔枝膏，還像宋朝人那樣用杵臼研磨荔枝，費了好長時間才把荔枝肉磨成糊，主持人當時就說：「用榨汁機不是更方便嗎？」確實如此，現在很多機器都能代替人力，甚至比用人力加工效果更好。如果您認為剁餃子餡的時候，用刀比用絞肉機絞出來的餡好得多，我不反對，但是我堅信在不遠的將來，市面上一定會出現更加先進的打餡設備，最終將人力打餡變成歷史。

既然現代比古代先進，現代食材比古代食材豐富，現代口味已經不同於宋朝口味，那我幹嘛還要研究宋朝美食呢？因為它是歷史，生猛鮮活的歷史。歷史不能吃，也不能喝，對現實生活也未必有什麼參考價值，可是它就像你家陽臺上的盆景一樣，可以讓你開心快樂，怡然自得。

第一章

穿越須知

那些在宋朝吃不到的食物

南宋有兩部地方誌很出名，一部叫《咸淳臨安志》，寫的是杭州；一部叫《淳熙三山志》，寫的是福州。如果您看過這兩部地方誌，您會知道宋朝人擁有的食材非常豐富，凡是今天有的，那時候差不多都有。

蘿蔔、白菜、茄子、黃瓜、芹菜、韭菜、芥菜、菠菜、生菜、芫荽、瓠子、紫菜、扁豆、蠶豆、大蔥、小蔥、大蒜、小蒜……，這些蔬菜在宋朝的菜市場上都能買到。

橘子、香蕉、蘋果、葡萄、荔枝、栗子、橄欖、柳丁、楊梅、枇杷、柿子、核桃、杏、棗、梨、桃……，這些水果在宋朝的水果行裡也都能買到。

豬肉、羊肉、牛肉、雞肉、鴨肉、鵝肉、兔肉、鹿肉、鵪鶉肉，還有各種各樣的魚蝦，各種各樣的海鮮，統統都是宋朝人的口中食。當然，羊肉在宋朝比較短缺，價格比較貴，但是現在的羊肉也很貴，雖然並不短缺。

總而言之，宋朝時期的食物種類很多，跟今天很接近。

但是也有一些東西是在宋朝見不到的。

金庸先生寫《射雕英雄傳》，開篇第一回，南宋中葉，杭州郊外，兩個農民請一位說書先生去一家鄉村酒店喝酒，店小二擺出「一碟蠶豆、一碟鹹花生、一碟豆腐乾，另有三個切開的鹹蛋」，四個下酒菜，至少有一個是跟歷史背景相違背——宋朝人不可能會用花生做下酒菜，因為花生是外來物種，要到明朝才會從美洲引進到中國。

開封有一種小吃叫「花生糕」，是用花生、白糖和糖漿加工的點心，個別商家為了吸引顧客，往包裝盒上印了幾個字：「大宋宮廷御膳」。這肯定違背歷史，因為宋朝沒有花生，不可能會有花生糕。不可否認，宋朝海外貿易發達，特別是南宋，跟幾十個國家有貿易往來，但是那些海船的航行路線只限於亞洲，離出產花生的美洲還差得遠。

同樣道理，宋朝人也見不到馬鈴薯、玉米、辣椒、番茄和紅薯，因為它們也是在明朝才從美洲引進到中國的。所以當我們穿越到宋朝，去餐館點菜的時候，就不要再點馬鈴薯燉肉、松仁玉米、辣子雞丁、清蒸紅薯泥和番茄炒蛋了，店老闆累死也弄不來這些菜，除非從海外空運，可您知道，宋朝沒有飛機。

現在四川人和湖南人都愛吃辣椒，開遍全國的川菜館子更離不開辣椒，很難想像要是沒有辣椒的話，四川人民和湖南人民怎麼活，那些生意鼎沸的川菜館子怎麼活。可是宋朝確確實實沒有辣椒，宋朝川湘兩地的老百姓依然活得很好，而且宋朝居然已經有了川菜這個菜系。因為宋朝有川椒（花椒的一種，青黑色，口味麻辣，有一種濃重的辛香），宋朝人民用川椒代替了辣椒。

宋朝也沒有南瓜和洋蔥，這兩樣東西當然也是外來物種，是什麼時候引進的呢，暫時沒有明確考證。有人說是從元朝傳過來的，有人說要到清朝末年才走進國門。不管怎麼說，反正宋朝沒有。

許多人喜歡嗑瓜子，主要是葵花子，也就是向日葵的種子。宋朝人沒這個福氣，向日葵也是美洲植物，大概要到明朝後期才開始在中國種植。宋朝人平時也嗑瓜子，嗑的主要是甜瓜子，南宋中後期還可以嗑上西瓜子，如果想嗑葵花子，對不起，這個要求太高。

豆角在宋朝能不能見到？能，但只有豌豆角和豇豆角，沒有今天最常見的那種又圓又長的菜豆角，也沒有芸豆角，也就是那種像爬牆虎一樣爬滿牆壁的四季豆。四季豆在明朝引入中國，菜豆角最遲在清朝末年才開始進入尋常百姓家。

再說水果。

可以肯定的是，宋朝沒有鳳梨，因為鳳梨也是在明朝來到中國。假如宋朝的水果批發商非要從海外進口鳳梨，由於航運時間過長以及缺乏先進的水果保鮮技術，鳳梨會在半路上徹底爛掉。

宋朝也沒有蘋果。長江以南有一種植物，結的果實跟蘋果有點像，但它不是蘋果，個頭偏小，永遠都長不紅，熟了以後，果皮是白色的，果肉很軟，甜度不高。這種水果在南宋水果攤上能見到，今天稱之為「綿蘋果」。綿蘋果不算是真正的蘋果，我們現代人吃的蘋果都是清朝以後從美洲引進的。現在超市裡出售的那些「紅富士」、「金冠」、「國光」、「秦冠」，更是新中國成立後才有的品種，宋朝人民沒嘗過，也沒見過。如果您想討東道主喜歡，建議您穿越宋朝的時候帶一筐蘋果過去。

宋朝人習慣把甜瓜和西瓜劃到水果一類，當時甜瓜很流行，西瓜出現的時間稍微晚了一點。在北宋統治區內，沒有人種植西瓜。到了南宋初年，一個名叫洪皓的大臣去金國出差，回去時捎走一包西瓜種，回到家鄉以後試種、推廣，西瓜才在宋朝疆域內生根發芽。（參見洪皓《松漠紀聞》）

好在西瓜推廣的速度很快，南宋建國以後不到三十年，西瓜就在江南和淮北廣泛種植了。陸游的老上司范成大寫過一首詩，頭兩句就是「碧蔓淩霜臥軟沙，年來處處食西瓜」，說明西瓜成了很常見的水果。

金庸先生在《射雕英雄傳》裡寫過一段跟西瓜有關的故事：郭靖被西毒歐陽鋒打成重傷，黃蓉帶他去牛家莊治病，怕口渴，向村民買了一擔西瓜。這段故事發生在南宋中葉，所以很可信，如果發生在北宋，讓《天龍八部》裡的北喬峰、南慕容也去買一擔西瓜，那就不符合歷史事實了。

最後我們再說說宋朝的食用油。

現代人吃的食用油主要是植物油，其中又以大豆油為大宗。宋朝有沒有大豆油？沒有。

宋朝人會做豆腐，會做豆芽，會做豆豉，會做豆醬，就是不會榨豆油。早在南北朝，就有人知道大豆裡面含有油脂，但是受技術所限，到了宋朝也沒能發明大規模壓榨豆油的工藝。

宋朝的植物油主要是菜籽油，其次是芝麻油。芝麻油的歷史比菜籽油悠久得多，最遲在漢朝已經流行，可是芝麻油的生產成本要比菜籽油高得多，所以宋朝老百姓一般用菜籽油炒菜，芝麻油是拌菜時候用的，拌一盆涼菜，滴兩滴芝麻油就行，用多了會心疼。少數有錢的官僚搞養生，早上起來會喝一口芝麻油，窮人沒這個福氣，太浪費錢了。

除了芝麻油和菜籽油，宋朝的植物油裡還包括蔓菁油和萊菔油。萊菔就是蘿蔔，用蘿蔔種子榨油是宋朝人的發明。

沙拉油在宋朝肯定見不到，因為沙拉油需要精煉，宋朝缺乏精煉的工藝。

動物油不需要壓榨，更用不著精煉，提取動物油的難度比提取植物油小得多，所以動物油在宋朝很流行。

在魏晉南北朝，在隋唐和五代十國，動物油要比植物油便宜得多，窮人做菜，只配用動物油，用不起植物油。

北宋初年有個叫徐鉉的人講過一個故事，說廬山腳下有個賣油的，待他的老母親很孝順，卻被雷劈死了。老母親認為兒子死得太冤，質問天神：「我兒子是個孝子，為什麼會遭雷劈？難道老天爺不長眼嗎？」天神托夢給她說：「你兒子賣的是植物油，為了降低成

本，卻把動物油摻進去騙人，像這種奸商，我不劈他劈誰！」（參見《稽神錄》卷一《賣油者》）

為什麼把動物油摻到植物油裡可以節省成本？正是因為植物油太貴，動物油太便宜。

由於動物油便宜，所以宋朝以前主要用動物油做菜。大家都知道，動物油不適應高溫，油溫一高就糊了，菜肴的顏色會變黑，整個房間裡都會充滿難聞的氣味，故此動物油不適合炒菜[1]。也正是因為這個原因，古人烹調菜肴的方式以蒸煮和燒烤為主。只有到了宋朝，隨著榨油技術的進步，植物油逐漸普及，炒菜才跟著普及。

綜上所述，宋朝沒有番茄，沒有馬鈴薯，沒有玉米，沒有紅薯，沒有辣椒，沒有葵花子，沒有蘋果，沒有鳳梨，沒有大豆油，沒有沙拉油，連西瓜都要到了南宋才能吃到，好像挺不值得穿越似的。但是請您留意，刨去這些沒有的食物種類，宋朝的食材仍然很豐富，換句話說，那些沒有的只是非主流，不影響大局，不影響我們在宋朝生活的舒適度。

1 根據衛福部資料表示，油脂加熱到一定程度時會分解冒煙，稱為發煙點，這時油脂會被破壞、變質。不同的油有不同的發煙點，但同樣的油經過不同的製造過程也會有不同的發煙點。一般來說動物油發煙點會較植物油高，文中所指的動物油應為一般家庭自製，而未精製的豬油或牛油，因一般家庭無法精準控制油溫，炸豬油時易產生有毒物質。

從一日兩餐到一日三餐

假如大家想回到宋朝吃頓大餐，千萬不要在中午去，因為宋朝好多餐廳是不賣午餐的。

翻開《東京夢華錄》第八卷，有這麼一句話：「至午未間，家家無酒，拽下望子。」午未就是午時到未時，也就是上午十一點到下午三點。望子就是餐廳門口插著的旗子，把這旗子拿下來，表示打烊，不再營業。

擱我們今天，上午十一點到下午三點這段時間剛好是吃午飯的時間，公私飯局一般都在這個時間段舉行，大小餐廳生意興隆，正是掙錢的好時機，可為什麼宋朝的餐廳不賣午餐，到了生意最好的時候偏偏打烊呢？

原因很簡單：大部分宋朝人沒有在中午請客吃飯的習慣。

從東周到隋唐，中國人一直延續著一個老傳統：每天只吃兩頓飯，一頓早飯，一頓晚飯。早飯吃得不算早，一般在上午九點左右開飯；晚飯吃得也不算晚，一般在下午四點左右洗碗。中午那頓飯怎麼辦？不吃，絕大多數人都不吃。

從唐朝中後期開始，一天兩頓飯的老傳統被慢慢打破，定居在長安城的老外和一小部分中國貴族開始吃午餐。但是他們屬於非主流，大部分中國居民還是繼續堅守著一日兩餐的飲食習慣。

到了宋朝，吃午餐的人就更多了，可以說超過一半的城市居民都開始吃午餐。比如說《水滸傳》裡武松在縣衙上班，每天早起去衙門值班，八九點鐘回到家，他嫂子潘金蓮一準給他做好了早飯，有一天武松回來晚了，「直到日中未歸」，到家後潘金蓮問他：「奴等一早起，叔叔怎麼不歸來吃早飯？」武松說：「便是衙裡一個相識請吃早飯。」潘金蓮趕緊又給武松做了一頓午飯。後來武松殺了潘金蓮，充軍發配到孟州，在牢城營裡受到「金眼彪」施恩的款待：「天明起來，送來一大碗肉湯，一大碗飯；坐到日中，又送來四般果子、一隻熟雞、許多蒸卷兒、一注子酒；到晚又是許多下飯。」《水滸傳》是元末明初的作品，但是這段描寫非常貼近宋朝的風俗——部分宋朝市民已經開始吃午飯，從一日兩餐變成一日三餐了。

南宋著名詩人陸游的好朋友范成大有一回請客，請帖上是這麼寫的：「欲二十二日午間具飯，款契闊，敢幸不外，他遲面盡，右謹具呈。中大夫提舉洞霄宮范成大箚子。」這段話的意思是說，我想在二十二號那天中午安排一個飯局，請您千萬不要見外，務必大駕光臨。由此可見，宋朝已經有人在中午請客吃飯了，就跟我們現代人一樣。

但是傳統的力量實在太強大，宋朝統治了三百多年，期間從一日兩餐變成一日三餐的群體始終只限於貴族、富商和一部分市民，而在廣袤的農村、在中小城市、在俸祿較低的基層官場，甚至在宮廷裡面，仍然保留了一日兩餐的老規矩。

南宋有個文人叫方回，他用一句話概括了當時老百姓的飲食習慣：「人家常食百合斗，一餐人五合足矣，多止兩餐，日午別有點心。」一合是容量單位，宋朝一合相當於現在六十毫升，能裝一兩大米。方回的意思是說，一般家庭一天只吃早晚兩頓飯，每人每頓大約要吃掉五兩大米，如果中午實在餓得受不了，就吃些點心充饑。

「點心」這個詞在宋朝很流行，它的含義跟現在區別很大。現代人說的點心，主要指餅乾、糖果、巧克力等零食，而宋朝人說的點心主要是指加餐。為什麼要加餐？因為只吃早晚兩頓，中間會餓，需要給饑餓難耐的腸胃來點兒食物。事實上，點心本來不是名詞，而是一個動賓片語：點是動詞，意思是安慰，心是賓語，意思是胃（宋朝人管胃叫「心骨嘴兒」，今日中原地區仍然沿用這一叫法），點心合起來就是用一些非正式的飯菜來安慰餓極了的胃。

在宋朝，點心一詞所包括的食物實在太多。早上熬一鍋米粥沒有吃完，中午餓了來上一碗，這碗剩粥就是點心。晚上蒸一條鯉魚沒有吃完，夜裡加班感到餓了，把剩下的半條魚吃完，這半條剩魚也是點心。走路的旅客錯過了上午九點和下午四點的傳統就餐時間，中間餓了，在路邊小飯館裡休息，老闆娘端出來一盤肉包子，這盤肉包子也屬於點心。總而言之，凡是在早餐和晚餐兩頓正餐以外所吃的一切食物，都可以叫點心。

聊完了點心的來歷，我們接著再說宋朝人的飲食習慣。

前面說過，很多宋朝老百姓每天只吃早晚兩餐，不吃午飯，其實一些官員也是如此。宋朝高薪養廉，中高層幹部有工資有獎金，有餐飲補貼有服飾補貼，有辦公補貼有崗位補貼，收入水準超過以往任何朝代，但是這種高工資高福利的待遇只能被中高層幹部享受到，基層官吏如果不貪污的話，其收入水準「不足以代耕」，連種地的都比不上。既然基層官員收入太低，所以他們過日子必須省吃儉用，為了節省燃料，中午決不生火做飯，跟很多老百姓一樣只吃早晚兩頓。

南宋短篇小說集《夷堅志》裡提到豫南魯山縣三鴉鎮的一個鎮長，「俸入不能給妻孥」，工資收入不夠養活老婆孩子，他寫詩訴苦：「二年憔悴在三鴉，無米無錢怎養家。每日兩餐唯是藕，看看口裡出蓮花。」意思是我當了兩年鎮長，窮得整天只吃兩頓飯，而且這兩頓飯還都是素的，不捨得買一兩肉，比廟裡的和尚都清苦。

該鎮長一日兩餐是生活所迫，也有人是主動選擇不吃午飯。例如蘇東坡的好朋友張天覺，晚年為了養生，「日閱佛書四五卷，早晚食米一升、麵五兩」（《容齋四筆》卷二《張天覺小簡》）。每天看看佛經，早上和晚上各吃一頓飯，加起來只吃一升米和五兩麵。

陷害嶽飛的那個投降派皇帝宋高宗，據他自己說，即位以後也是每天只吃兩頓飯。他對大臣們說：「朕不太喜歡女色，飲食上也很儉省，每天早上吃一個燒餅，晚上吃一碗麵條，中午不吃，餓了練練書法，忍一忍就過去了。」（參見《清波雜誌》卷一《思陵儉德》）我不知道宋高宗的話是真是假，如果是真的，我覺得想減肥的朋友可以向他學習，只不過不要省去中午那頓飯，應該省掉晚上那頓，早上吃飽，中午吃好，晚上一點兒都不吃。

也許很多朋友會覺得宋高宗的話太假，他是皇帝，怎麼能跟很多基層官吏和窮苦百姓一樣不吃午飯呢？不過我倒認為宋高宗很可能沒有說謊，因為宋朝宮廷裡有個規矩：御膳房每天只能準備早飯和晚飯，午飯是不允許做的，除非皇帝特旨讓做。（參見《宋會要輯稿》方域四之七）為什麼會有這個規矩？原因暫時不明。我估計一是因為宋朝皇帝因循守舊，不想改變延續了一兩千年的飲食習慣，二是為了節省開支——御膳房不做午飯，至少可以少升一頓火，把燃料和人工省下來。那位說了，皇帝富有四海，要什麼有什麼，幹嘛要節省開支？再說節省這麼一點兒開支又有什麼用？請您留意，古代明君一舉一動都是在給天下臣民做表率，皇帝帶頭節儉，有利於整個社會養成艱苦樸素的優良作風。

其實也不光宋朝皇帝每天只讓御廚做兩頓飯，清朝皇帝也一樣。據章乃煒先生《清宮述聞》考證，清朝御膳房每天只供應一頓早餐、一頓午餐，早餐在卯正二刻也就是早上六點半做好，午餐在午正二刻也就是中午十二點半做好，晚餐呢？不需要做。又據《清稗類鈔．飲食類》記載，康熙曾經對大臣說：「爾漢人一日三餐，夜又飲酒。朕一日兩餐，當年出師塞外，日食一餐。」意思是說當時老百姓已經習慣了一天吃三頓飯，但是他身為皇帝，每天卻只吃兩頓飯，出兵打仗的時候甚至一天只吃一頓飯。

乍一聽，好像宋朝皇帝和清朝皇帝都很艱苦樸素，其實不然，無論宋朝還是清朝，大部分統治者一天都要吃好幾頓。例如垂簾聽政的西太后慈禧，每天至少吃五頓，宣統皇帝腸胃虛弱，少量多餐，有時候一天吃六頓。宋朝的皇帝名義上一日兩餐，實際上在早晚兩頓正餐以外還要吃其他東西。宋朝皇帝管早飯和晚飯叫「正膳」，管午飯叫「點心」，管其他時間吃的飯叫「泛索」。

譬如說上完早朝吃一頓，到了下午四五點鐘再吃一頓，這就是兩頓正膳。中午不吃會感到餓，又不想像宋高宗那樣靠練習書法來抵抗饑餓感，就吩咐太監去街上買些小吃當點心（宋真宗、宋仁宗和宋孝宗都對宮外的小吃偏愛有加）。晚上如果加班批示檔案，睡得晚了，還會感到餓，再吩咐太監或者某個嬪妃開個小灶，做一碗夜宵，這就叫泛索。正膳、點心、泛索，三項加起來，一天當中可能要吃上五頓飯甚至六頓飯！所以千萬不要以為御廚每天只做兩頓飯，皇帝就只吃兩頓飯，那都是做樣子給外人看的。

瓷器為什麼不上席

在收藏界，宋朝的鈞瓷很受推崇。人們常說：「家產萬貫，不如鈞瓷一片。」「鈞瓷掛紅，價值連城。」一個鈞窯盤子能拍到幾千萬的天價。

但是在宋朝，人們並不把鈞瓷當回事。宋朝人收藏青銅器，收藏玉器，收藏古錢，收藏秦磚漢瓦，就是沒有人收藏鈞瓷。河北出土過一些白釉刻花蓮瓣碗，實實在在是宋朝燒造的鈞瓷，造型很精緻，釉色很好看，如果拿出去拍賣，至少能賣五千萬元，可是你知道它這種鈞瓷大碗在宋朝賣多少錢嗎？碗底上刻著價錢呢，「參拾文足陌」，定價只有三十文錢。三十文錢夠幹什麼？最多只能在東京汴梁買一斗小麥。（參見《西塘集》卷一《開倉糴米》）

鈞瓷在宋朝為什麼如此便宜？兩方面原因：一是因為燒造得太多，不稀罕；二是因為宋朝的上流社會不喜歡鈞瓷，把鈞瓷當成下等貨。

宋朝五大官窯，八大民窯，什麼汝窯、官窯、哥窯、磁窯、定窯、鈞窯……，其中就數鈞窯燒造的時間最長，分佈的窯址最廣，所以鈞窯產品在宋朝是最典型的夜市貨，沒什麼可稀罕的。常言說，物以稀為貴，數量一多，大家就不稀罕了，不稀罕的東西怎麼會貴得起來呢？

其實不光鈞瓷，所有官窯和民窯燒造出來的瓷器在宋朝人心目中都不是什麼寶貝。在傢俱陳設上，宋朝有瓷枕、瓷灶、瓷質的鎮紙和硯臺，這些東西的售價非常低廉，只有清官和窮人使用，有錢人向來鄙視它們。

在飲食器具方面，宋朝有瓷杯、瓷碗、瓷瓶、瓷壺、瓷盆、瓷筷、瓷勺，它們只在老百姓家裡出現，真正的富人根本不屑於使用瓷器來吃飯喝酒。

《宋史》第一百一十三卷有一段描述，說北宋皇帝大宴群臣，高級官員在大殿裡就座，中級官員在偏殿裡就座，低級官員只能去外面走廊裡吃飯。吃飯的地方分等級，吃飯用的餐具也分等級：大殿裡的高級官員用金杯金碗，偏殿裡的中級官員用銀杯銀碗，走廊裡的低級官員用銅杯銅碗。有沒有用瓷杯瓷碗的？一個都沒有，因為皇家宴席上絕對不可能出現瓷器，瓷器跟狗肉一樣上不了席。

「狗肉不上席」這句民諺是宋朝開始流行的，因為宋朝的士大夫不吃狗肉。為什麼不吃？一是因為大家愛狗，拿狗當寵物，「不忍食其肉」（蘇東坡語）；二是因為嫌狗太髒（宋朝的狗大多吃屎，比較噁心，參見《宋元小說家話本集・三現身》）

《東京夢華錄》羅列宮廷餐具，只提各種各樣的金銀器，最次的就是紅漆木盤，瓷器一個都沒有。《夷堅志》描繪南宋小康之家招待賓客所用的酒具：「手捧漆盤，盤中盛果饌，別用一銀杯貯酒。」木盤盛飯，銀杯盛酒，連木盤都比瓷盤高級得多。開封府州橋下有一個王家酒樓，招待顧客分三六九等，最上等用金盤盛菜，其次用銀盤盛菜，再次用木盤盛菜，最差才用瓷盤。

宋朝上流社會不用瓷杯喝酒，不用瓷碗裝飯，不用瓷盤盛菜，但是，他們卻喜歡用瓷瓶裝酒。

宋朝人把酒分為三種：春天釀造，秋天出售，這種酒叫「小酒」；冬天釀造，夏天出售，這種酒叫「大酒」；釀造好以後，再密封起來，窖藏很多年，然後再拿出來喝，這種酒叫「老酒」。小酒跟大酒的釀造時間短，賣的時候一般都未經過濾，酒裡殘留著很多酒糟，喝的時候需要用酒篩子過濾一下，《水滸傳》裡常說「篩酒」、「篩兩碗酒」，就是用酒篩子過濾小酒和大酒。老酒的釀造時間長，窖藏以前已經過濾得很乾淨了，可以裝到細口長頸的酒瓶子裡，貼上商標，上市銷售。

唐朝人喜歡用銅樽裝酒，那時候銅裡面都含有大量的鉛，時間一長，銅和鉛都會溶到酒裡面去，喝了容易中毒。而且樽的口太大，直接往酒杯裡倒，容易灑出來，必須用勺子舀，很麻煩。宋朝人喜歡用瓷瓶裝酒，當時稱瓷質的酒瓶叫「經瓶」（現在收藏界稱之為「梅瓶」），經瓶的口很小，密封很嚴實，倒酒無須用酒壺和勺子，直接就能倒進杯子裡去。更重要的是，瓷器不會溶解，不會氧化，酒在裡面可以長期存放。

宋朝國營的酒廠很多，每個州縣至少都會有一所，這些國營酒廠出產的酒幾乎都用經瓶分裝。每個酒廠用的經瓶都是特製的，燒造的時候就已經在瓶子上刻了商標甚至出產地，所以消費者喝完了酒，酒瓶不要扔掉，酒廠會回收的。蘇東坡的弟弟蘇轍當過國營酒廠的廠長，他有一項重要工作，就是每年秋天都要主持回收空酒瓶。

瓷瓶除了裝酒，還能燒茶。

宋朝人的茶葉與喝茶的方式跟今天完全不一樣。現在的茶葉加工主要靠炒，叫作「炒青」；宋朝的茶葉加工主要靠蒸，叫作「蒸青」。炒出來的茶葉是分開的，一片一片互不黏連，適合直接沖泡。蒸出來的茶葉是成團的，還要晾乾，攤曬，再碾磨成粉，壓制成塊，其成品都叫「茶餅」，也就是我們現在說的茶磚。

現在的陳年普洱是典型的茶磚，不過我們喝的時候依然以沖泡為主，一般不會放到鍋裡煮。唐朝人喝茶全是用煮：先用茶碾子把茶磚碾碎，碾成粉狀的茶末，再用茶羅把茶末過濾一下，然後把茶末投放到滾水裡，像煮餃子一樣煮上三滾，最後喝那一大鍋茶湯。宋朝人喝茶比唐朝有所改進，前面碾茶、濾茶的程式跟唐朝一樣，濾出來茶末以後，先燒水，把水燒開，準備好茶碗，用小勺把茶末分到幾個碗裡，然後用滾水沖進去，一邊沖，一邊攪，快速攪動，讓茶末跟滾水充分混合，這叫「點茶」。點好的茶是濃稠的，跟牛奶一樣。過一會兒，茶湯上面還會泛出一層乳白色的泡沫，好像卡布奇諾咖啡，現在日本人喝的「抹茶」就是這個樣子。

在宋朝的茶道中，燒水是很關鍵的一步。宋朝人點茶一般不用鐵鍋燒水，而用瓷瓶燒水。燒水的瓷瓶是特製的，宋朝人叫它「砂瓶」，耐高溫，可以直接架在炭火上烤，砂瓶裡裝大半瓶水，一會兒就燒開了。由於瓶壁是不透明的，所以看不見水開，只能聽聲。聽聲辨水，是宋朝茶藝界的絕活兒。

宋朝茶瓶是瓷的，茶碗有時候也用瓷。早在唐朝，上流社會也很鄙視瓷器，喝茶用銅碗、銀碗或者金碗，甚至用鐵碗，拒絕用瓷碗。後來出了一個叫蘇廙的茶道高手，他說金銀太貴重，銅鐵太俗氣，這些金屬茶碗還都有腥味，影響茶湯的口感和成色，只有瓷碗才是壓倒一切的理想茶具。（參見蘇廙《仙芽傳》，該書已散佚，今存於《說郛》）蘇廙的見解非常科學，開啟了宋朝用瓷碗喝茶的風氣。

宋朝已經可以燒造紫砂茶具了，但是紫砂並不被宋朝士大夫喜歡，一是因為紫砂透氣性太強，茶湯很容易滲透進去，喝完茶不容易刷乾淨（現在流行紫砂壺，人們常說茶能養壺，其實就是指紫砂的細孔裡填充了茶葉渣，既不衛生，又會影響下一道茶的表現）；二是因為紫砂有一種天然的土腥味。

唐人煮茶，今人沖茶，宋人點茶。點茶無須茶壺，故此宋朝並不生產茶壺，只燒造茶碗。茶碗又分很多種，南宋景德鎮燒造的茶碗屬於影青瓷，胎很薄，釉很白，半透明，很好看，但是這種茶碗並不受歡迎。宋朝人最喜歡的茶碗是建州窯出產的小黑碗，胎特別厚，造型古樸，看起來很笨重，但是耐高溫，導熱慢，適合點茶。

為什麼厚碗適合點茶？因為點茶用的水都是一百度的沸水，快速沖入茶碗以後，碗壁驟然升溫，胎太薄的話，會啪地一下裂開。

現代人喝茶，多用玻璃杯、紫砂杯和白瓷杯，宋朝人則喜歡黑瓷碗。因為宋朝最好的茶湯都是乳白色的（北宋大奸臣蔡京的伯父兼書法老師蔡襄著有一部《茶論》，說「茶之絕品，其色貴白，翠綠乃茶之下者耳」），只有用黑碗才能凸顯茶湯的乳白。如果用白瓷碗、白瓷杯或者透明的玻璃杯，你就分不出哪是杯子哪是茶了。

宋朝人一般不用玻璃杯喝茶，因為古代中國的玻璃太昂貴了（李白給兒子取名叫李頗黎，頗黎就是玻璃，表明李白認為兒子跟玻璃一樣貴重）。宋朝人可以加工玻璃，河北定縣與河南新密都出土過宋朝的玻璃瓶，但是由於技術落後，當時只有靠運氣才能加工出一個造型優美、沒有瑕疵的瓶子，成本非常高，所以售價也非常貴。在南宋杭州，一個小小的玻璃杯可以賣到兩千貫，比同樣大小的金杯都要貴。

宋朝有個叫李光的詩人，別人送他一隻玻璃碗（注意，不是一套），他興奮極了，把玩了半天，還是覺得這個禮物過於貴重，又還給了人家，還在信裡說：「何用是寶器哉！」柴米油鹽過日子，怎麼能用這麼寶貴的器具呢？

由此可以想見，如果你在宋朝請客，餐桌上擺出一套瓷杯瓷碗，也許人家會說你小氣；擺出一套金杯銀杯，也許人家會說你俗氣；如果擺出一套玻璃杯玻璃碗，哼哼，必定萬眾矚目，人人驚豔，你可就風光透了。

宋朝飲食安全問題

我父親種了一輩子地，現在年紀大了，掄不動鋤頭了，不敢再從事重體力勞動，於是把老家那十幾畝責任田全部轉包給別人，自己去鎮上一家超市裡做了倉庫保管員。

自從去這家超市上班以後，我父親就不再購買超市裡的肉了。他在電話裡跟我說，那家超市出售的所謂「生鮮肉」，其實都是過期凍肉，看起來紅白相間非常可愛的五花絞肉，其實都是用豬油和鴨肉「拼裝」的贗品，至於貼著「本地鮮羊肉」、「內蒙牛肉乾」等標籤的牛羊肉，竟然是臨近縣城某地下工廠以超低價格配送的母豬肉！據說現在的地下工廠工藝先進，能將豬肉纖維打散重組，再加入不同口味的肉精和色素，想讓它變成什麼肉就能變成什麼肉。

在這家超市做了二十三天，領了十五天的工錢以後，我父親終於忍受不住良心上的煎熬，主動找老闆辭了工。他迷茫地問我：「現在的人怎麼會變成這樣呢？以前餓死人的年月也不這樣啊？」他的意思是說，以前挨餓歸挨餓，沒有這麼多奸商。

我父親沒有讀過書，不瞭解歷史。如果他瞭解歷史的話，他會明白奸商並不是現在才有的。

我們經常慨嘆世風日下，人心不古。其實呢，人心從未「古」過。當年魯迅從北京去西安，在車站買了荷葉雞，揭開荷葉，裡面是塊膠泥，假得更厲害。魯迅說他從中國文化裡讀到兩個字：吃人，其實他還應該讀到另外兩個字：假貨。

南宋人袁采在其著作《世範》裡有這樣的議論：「雞塞沙，鵝羊吹氣，賣鹽雜以灰……，敝惡之物，飾為新奇；假偽之物，飾為真實。如米麥之增濕潤，肉食之灌以水。巧其言詞，止於求售，誤人食用，有不恤也。」給雞餵沙子，給鵝羊充氣，在鹽裡摻灰，讓糧食受潮，往肉裡注水，如此這般令人髮指的欺詐手段在宋朝就已經盛行了。

北宋人蘇象先在其著作《丞相魏公譚訓》中回憶道：「眾爭取死馬，而不取駝牛，以為馬肉耐久，埋之爛泥地中，經宿出之如新，為脯臘，可敵獐鹿。皆稅居曹門，鄰巷皆貨之鹹豉者，早行其臭不可近，晚過之，香聞數百步，多馬肉為之。」北宋開封曹門外有一大批專門加工死馬肉的地下工廠：工廠老闆收購死馬，埋入地下，泥土隔絕空氣，減緩腐爛時間，第二天刨出來，用豆豉燉熟，再做成肉乾，冒充獐肉和鹿肉流入市場。

《東京夢華錄》列有一長串食單，全是小販到酒樓裡推銷的東西，包括炙雞、爊鴨、薑蝦、酒蟹、獐羓、鹿脯等葷菜，也包括萵苣、京筍、辣菜等素食，還包括梨條、梨乾、梨肉、柿膏、膠棗、棗圈等蜜餞。其中「獐羓」即獐肉乾，「鹿脯」即鹿肉乾，這兩種肉乾十有八九都是假的。

生於南宋、死於元初的宋朝遺老周密不買鹿肉，因為他瞭解內情：「今所賣鹿脯多用死馬肉為之，不可不知。」

南宋有一太守，有回買到假藥，把藥店老闆打了六十板，還寫下判詞：「作偽於飲食，不過不足以爽口，未害也，惟於藥餌作偽，小則不足愈疾，甚則必至殺人，其為害豈不甚大哉？」意思是賣假肉不會影響健康，賣假藥就可能要人老命了，說明宋朝奸商不光在飲食上造假，還在藥上造假。

宋朝還有一本名為《物類相感志》的生活小冊子，其中有一段教人如何判斷香油真假：「以少許擦手心，聞手背香者真。」把香油滴到手心裡，用手背去擦，過一會兒再聞，如果不香，那就說明買到了假貨。這說明宋朝不僅有假肉，還有假香油，不然人們無須總結這樣的經驗。

現在福建省的建甌市，過去叫建安，以產茶出名。在宋朝，建安茶有三大產地，一是位於鳳凰山的北苑，二是位於北苑之南兩公里的壑源，三是位於北苑之西五公里的沙溪。

北苑茶是專供皇帝的，茶商沒機會問津，所以只能去婺源和沙溪採購茶葉。婺源的土質好，水質也好，毛茶與成品茶品質均高，幾乎不亞于北苑茶，而沙溪茶就等而下之了。每年初春，剛過驚蟄，全國的茶商雲集婺源，等不到茶磚出焙就爭相搶購，搞得婺源茶供不應求，這時候茶農們就開始摻假了：「陰取沙溪茶黃，雜就家棬而制之，人耳其名，睨其規模之相若，不能原其實者，蓋有之矣。凡婺源之茶售以十，則沙溪之茶售以五，其直大率仿此。」（黃儒《品茶要錄・辨婺源沙溪》）把沙溪的普通茶葉運到婺源，放在婺源的茶廠裡加工，冒充婺源茶賣給茶商，茶商每買十斤婺源茶，其中就有五斤是沙溪茶。

宋徽宗著有《大觀茶論》，他說：「其有甚者，又至於採柿葉桴欖之萌，相雜而造，時雖與茶相類，點時隱隱如輕絮，泛然茶面，粟文不生，……雜以卉莽，飲之成病。」做茶的奸商能奸到什麼地步呢？把柿樹的葉子和苦丁樹的葉子摻到茶葉裡面，一起蒸青、壓榨、入模、烘焙，加工成真假難辨的小茶磚。老百姓不辨真假，當成好茶喝到肚子裡去，結果鬧出病來。

我們批判現在的茶農過量使用農藥，批判現在的茶商以次充好，可是通過上述文獻可以看出，假茶劣茶早在宋朝就屢見不鮮了。

難道古代中國僅僅只有宋朝才盛行造假嗎？當然不是。翻翻元明筆記，翻翻《三言二拍》裡的話本小說，各種奸商在元、明兩朝同樣是大行其道。至於清朝，更不例外，紀曉嵐在《閱微草堂筆記》中寫道：「余嘗買羅小華墨十六鋌，漆匣黯敝，真舊物也，試之乃摶泥而染以黑色，其上白霜，亦庵於濕地所生。又丁卯鄉試，在小寓買燭，爇之不燃，乃泥質而冪以羊脂。又燈下有唱賣爐鴨者，從兄萬周買之，乃盡食其肉，而完其全骨，內傅以泥，外糊以紙，染為炙爆之色，塗以油，惟兩掌頭頸為真。」墨錠是塗黑的泥塊，蠟燭是抹了羊油的泥塊，烤鴨是包了泥塊的骨頭，真是無一不假，無商不奸。

進入民國，帝王專制基本上被掃進了歷史的垃圾堆，北洋政府高唱共和，國民政府鼓吹民主，蔣介石統一南北後又大搞「新生活運動」，力圖提升國民素質，淨化社會風氣，可是製假販假並未徹底消失。一九三五年十二月，奇文印務公司出版《廣州年鑒》，該書第十三卷收錄了廣州衛生局的一則公告，姑且摘錄如下：

查肉類為人民養生之要素，與市民肉食衛生最關重要，惟本市各屠店向多唯利是圖，每將死病獸畜私宰發售，或將肉類吹水吹氣，貽害人群，誠非淺鮮。雖經衛生局定有專章取締，並將私宰死病畜肉緝獲解辦，而市儈志存圖利，實屬防不勝防。

往肉裡注水，往動物體內吹氣，將不新鮮不潔淨甚至還帶有寄生蟲的肉類推向市場……，如此等等做法，都是宋朝奸商玩過的把戲，到了民國又被玩了一遍，奸商們因此而獲利，消費者因此而被坑。

從古代到今天，一塊注水肉貫穿古今，一群奸商流毒千年，有些朋友可能會將其歸結為國民性問題。實則不然，西方世界也有奸商，歐洲人也曾用馬肉冒充牛肉，金融領域的龐氏騙局也在歐美流行上百年。由此可見，制假和欺騙並不是我們中國人的專利。

或許人性本惡，只要利益大於風險，哪個民族都有可能造假，所以監管和懲罰就變得非常重要。又或許社會不公和發展機會不均等也會讓人鋌而走險：鄰居王大爺無才無能又無德，靠他的市長外甥承包工程，一夜之間吃成胖子，我一沒關係二沒手藝，靠什麼迅速發財？乾脆做地溝油、賣注水肉吧！

所以這一小節的結論是：讓我們共同努力，增加奸商的風險，促進社會的平等。

第二章

主食稱王

蔡京煮麵

郭德綱相聲裡有這麼個段子，說某人在江湖上得了一個外號，簡稱「冷麵殺手」，全稱則是「朝鮮冷麵殺手」。言外之意，這人是個吃貨，最愛吃冷麵，只要讓他看見朝鮮冷麵，無論多少，統統拿下。

今天呢，我們要講一個宋朝冷麵殺手的故事。

首先必須說明，這個來自宋朝的冷麵殺手之所以被我們稱作「冷麵殺手」，可不是因為他愛吃冷麵，而是因為他擅長做冷麵。

他是誰呢？就是大名鼎鼎的蔡京。

眾所周知，蔡京是北宋最有名的奸臣，他殘害忠良，迫害百姓，幫著宋徽宗幹了很多壞事。既然是奸臣，一般都有點兒小聰明，否則不可能得到皇帝的歡心，不可能得到同僚的擁戴，進而也就沒有機會去當奸臣了。像蔡京這個奸臣，就是一個非常聰明的奸臣。

話說蔡京年輕的時候，曾經在揚州當過一段時間的市長。在揚州任上，他長袖善舞，左右逢源，既諂媚上級，又拉攏下級，揚州官場被他搞得一團和氣，每個幹部都佩服他，「縉紳閑一辭，皆謂之有手段」（蔡絛《鐵圍山叢談》卷六，下同）。所有人都誇他辦事幹練，

冷麵

工作能力突出。

有一年酷暑，蔡京在自己家設了一個宴，請同僚們吃飯。他設的這個宴有一名堂，叫作「涼餅會」。宋朝人說的「涼餅」就是唐朝人說的「冷淘」，放到今天其實就是冷麵，所謂「涼餅會」，實即「冷麵宴」是也。

那天蔡京只請了八個人，可是出乎意料的是，大小官員聽說蔡市長請客，都想借機會親近他，於是成群結隊都來了，到場的客人竟然一下子從八位變成了四十位！

宋朝人做冷麵，沒有機器，那可是純手工。為了讓麵條勁道，蔡京至少得提前半天把麵和上，鬆弛到十分透，揉到十分光，然後才能搓成又細又圓的麵條。搓好就得煮，煮好就得過涼水，過完水就得拌滷，拌完滷就得端給客人吃，不然麵會坨住，難吃又難看。

蔡京預計請八個人，自然只準備八個人的麵條，現在一下子來了幾十位，他該怎麼應對呢？有的客人開始嘀咕：「蔡四素號有手段，今率迫留客，且若是他食，輒咄嗟為尚可，如涼餅者，奈何便辦耶？」人人都說蔡老四（蔡京排行老四）有辦法，可是今天來了這麼些人，他怎麼來得及做出那麼多冷麵來呢？我們就等著看他笑話吧！

事實證明，蔡京確實有辦法，不到半個鐘頭，他就做出了四十碗冷麵，每個客人一碗，吃起來還挺鮮，挺勁道，一看就是現做的，一群人邊挑起麵條呼嚕呼嚕往嘴裡扒，邊對蔡京的手藝讚不絕口。

蔡京是怎麼做的呢？史料上沒有具體說明，不過我能猜出大概。據我猜測，由於蔡京老是請客，老是請人吃冷麵，所以他家一定常備著一大批揉勻的麵團。他將麵團揉光，用細紗布裹緊，用油布包嚴，往冷水裡一放，隔天拿出來揉一揉，能存放七八天不變質，而且放的時間越長，麵團就越勁道。哪天不速之客登門，蔡京不慌不忙，取出幾個麵團，在麵案上啪啪啪地拉開，簌簌簌地搓細，下鍋煮熟，過水拔涼，澆上滷汁，鋪上菜碼[2]，火速上桌，客人們即可大快朵頤……。我覺得，這應該就是蔡京做冷麵的秘訣，同時也是我們為什麼要稱他「冷麵殺手」的原因所在。

另外我覺得，蔡京之所以擅長做冷麵，除了因為他聰明，還因為他有幸生活在宋朝。宋朝是麵條文化非常發達的朝代。發達到什麼地步呢？舉凡我們現代人吃過的麵條，在宋朝差不多都能見到。

蘇東坡詩云：「鬱蔥佳氣夜充閭，始見徐卿第二雛。甚欲去為湯餅客，惟愁錯寫弄獐書。」一個姓徐的朋友生了二兒子，蘇東坡想寫篇賀詞去祝賀祝賀，順便蹭人家一頓湯餅，又怕高興過了頭，把賀詞寫錯了。宋朝人生下兒子，照規矩要請親戚朋友吃一頓宴席，宴席上的主食是湯餅。湯餅是什麼？就是麵條啊！

生兒子吃麵條，過生日也吃麵條。比蘇東坡稍晚的宋朝文人馬永卿在給唐詩做注的時候寫道：「湯餅，今世所謂長命麵也。」我們現代人過生日吃「長壽麵」，宋朝人過生日吃「長命麵」，叫法略有不同，風俗完全一樣。

嚴格講，湯餅並不等於麵條。湯餅這個詞大約誕生於東漢，最初指的是片兒湯：和麵成團，掐成小段，拍成薄餅，下鍋煮熟，撈出即食，非常之原始。到了魏晉南北朝，中國人繼續引進西域飲食並不斷革新傳統手藝，新型麵食如「水引」、「索餅」和「餺飥」才橫空出世。水引實際上是揪成的麵片，索餅實際上是搓成的拉條，餺飥實際上是推捻而成的貓耳朵。這三種麵食問世以後，仍然拜倒在湯餅門下，被統稱為湯餅。也就是說，湯餅

2 拌在麵裡吃的菜。

並不僅僅是片兒湯，有時候還包括拉條和貓耳朵。用宋人黃朝英的話說：「凡以麵為餐具者皆謂之餅，故火燒而食者呼為燒餅，水瀹而食者呼為湯餅，籠蒸而食者呼為蒸餅。」凡是用羹湯煮熟的麵食，諸如拉條、拉麵、燴麵、揪麵片、貓耳朵、手桿麵、刀削麵……，通謂之湯餅，可見湯餅是個大家族。

拉條出世甚早，在三千年前的西亞就有發現，堪稱人類飲食史上最古老的麵條。但是拉條傳入中國的時間比較晚，兩千多年前才傳入新疆，一千多年前才傳入陝西。餺飥出世於魏晉時期，它是北方遊牧民族發明的麵食，做法極其簡單：和好麵，搓成長條，掐成小段，按在手心裡搓一下，搓成中間凹、兩頭翹的柳葉舟或者貓耳朵，不用菜刀，不用砧板，全憑雙手即可加工。至於拉麵、燴麵和手桿麵，它們出世就更晚了，從文獻記載來看，宋朝以前尚未發現它們的蹤跡，所以這三款麵條極可能是被宋朝人發明出來的。

拉麵在宋朝叫作「索粉」（南宋人有時也將粉條稱為索粉），燴麵在宋朝叫作「水滑麵」，手桿麵則莫名其妙地延續了早期麵食餺飥的名稱，繼續叫作「餺飥」。同時宋朝人還精益求精，發明出用模具加工的花式麵條，例如用特製的刀具將桿出的麵片切成梅花形、蓮花形、蝴蝶形……。

不僅如此，宋朝人還大膽地使用安全無副作用的天然添加劑，以改善麵條的色澤和口感。比方說用槐葉汁做出綠色的麵條，用黑豆汁做出黑色的麵條，以及用純天然的鹼性物質和麵，避免麵條黏連，使麵條爽口彈牙。如北宋莊綽《雞肋編》記載：「陝西沿邊地苦寒，種麥周歲始熟，以故黏齒不可食，如熙州斤麵，則以掬灰和之，方能捍切。」蓬灰是蓮蓬草的灰分，主要成分是碳酸鉀，既能中和麵團的酸度，又能跟蛋白質分子發生化學反應，形成很長的網狀蛋白質鏈，使麵團更為勁道。現在蘭州拉麵必用拉麵劑，拉麵劑主要成分即為蓬灰，如果不添加這種東西，拉麵拉不了那麼長。

曾有人問蘇東坡天底下什麼東西最好吃，老蘇一口氣列了好幾樣：「爛蒸同州羔，灌以杏酪，食之以匕不以箸；南都撥心麵作槐芽溫淘[3]，糝以襄邑抹豬；炊共城香稻，薦以蒸子鵝。」（一說此乃黃庭堅語）陝西渭南的蒸羊羔，澆上杏酪，不用筷子夾，只用小勺子挖著吃；河南商丘的撥心麵，做成槐芽溫淘，用睢縣紅燒肉做澆頭[4]；將豫北輝縣的香稻米蒸熟，配著蒸子鵝吃……，其中「撥心麵」不明為何物，從字面意思上看，倒很有可能是類似義大利通心粉那樣的空心麵條。

現代通心粉是用機器做出來的，如果離開機器，我們很難想像如何讓麵條中空。但實際上只要足夠有耐心，沒有機器也能做出純手工的通心粉。

3 一種用槐葉做的麵食。

4 指添加在飯、麵上的配料，澆頭麵意思就是把配料加到麵裡頭。

我做過試驗：第一，選用高筋麵粉，往麵粉裡放鹽，放拉麵劑；第二，稍微放點水，把麵和得非常硬，使出全部力氣，能和多硬就和多硬；第三，把和好的麵團抹上一層熟油，放到陰涼乾燥的地方，讓它鬆弛上一整天；第四，把麵團切成粗條，揉光，抹油，再鬆弛一整天；第五，把粗條搓成細條，用拉拉麵的手法拉得非常細，掛到通風處晾乾。經過這樣的試驗，蛋白質析出到表面，麵條內部只剩水和澱粉，水一蒸發，自然會形成空心。

南宋養生食譜《奉親養老書》曾經記載麵條做法，其中有「餪之」、「停一宿」、「揉一二百拳」等訣竅，「餪之」即和麵，「停一宿」即鬆弛一夜，「揉一二百拳」即反覆揉麵。如此精心做麵，應該是可以做出空心麵條來的。

陸游的年夜飯

八百年前，陸游在紹興老家過春節，大年初一那天晚上，他寫下這麼一首七言長詩：

扶持又度改年時，耄齒侵尋敢自期。
中夕祭餘分餺飥，黎明人起換鍾馗。
春盤未拌青絲菜，壽斝先酬白髮兒。
聞道城中燈絕好，出門無日歎吾衰。

用普通話去讀，這首詩並不押韻，假如我們用吳語讀，其實還是挺押韻的。我們知道，吳語保留了很多古音，而敢自期的「期」、鍾馗的「馗」、白髮兒的「兒」、歎吾衰的「衰」，其古音韻母都是i，讀起來蠻順口。

韻律只是形式，形式沒有內容重要，陸遊這首詩寫了什麼內容呢？主要寫他春節期間都做了哪些事。

「中夕祭餘分餺飥」，說的是除夕祭祖，陸游跟兒子和孫子一起祭。祭完祖，他們把供品分了。供品是什麼呢？是餺飥。餺飥是什麼東西？一會兒再說。

「黎明人起換鍾馗」，第二天早上，也就是正月初一那天早上，陸游起了個大早，撕掉舊門神，貼上新門神。「鍾馗」在這裡指代門神。

「春盤未拌青絲菜」，正月初一全家聚餐，主食是餺飥，配菜是春盤[5]，往年春盤裡都有青絲菜，今年沒有。所謂青絲菜，其實就是韭菜，剛發出來的韭菜又細又軟，狀如美女髮絲，故名「青絲」。

「壽斝先酬白髮兒」，這家人聚餐時喝了酒。陸游是家長，輩分最高，照理說第一杯酒應該敬給他，但他「先酬白髮兒」，先讓白髮蒼蒼的大兒子和二兒子喝。他寫這首詩的時候年近八旬，他的大兒子陸子虞和二兒子陸子龍都過了五十歲，已經是小老頭了，所以他管他們叫「白髮兒」。白髮兒終歸還是兒子，為什麼喝酒次序比他這個當爹的還要靠前？因為這是宋朝人過年時特有的風俗習慣[6]。

「聞道城中燈絕好」，陸游聽說紹興市區晚上有燈展，想去看。

「出門無日歎吾衰」，最終他沒有去看，因為他在鏡湖旁邊的小村子裡隱居，離市區還有好幾里路，年紀大了，腿腳不方便，走不了那麼遠。

綜上所述，陸游在除夕祭了祖，在初一早上貼了春聯，在初一白天吃了團圓飯，初一晚上計畫進城觀燈，沒有去成。

通過陸游這首詩，我們可以窺見宋朝人如何過年，但是要想有個全面瞭解，僅憑這首詩肯定不夠。

比如說現在過年要放假，宋朝人過年放不放假？陸遊的詩裡沒寫，《宋史》和《宋會要》裡寫了。據《宋史》記載，宋朝春節也有假期，宋真宗詔令：「煎鹽灶戶自今遇元日、冬至、寒食三節，各給假三日。」國營鹽場的工人冬至放假三天，寒食放假三天，春節（元旦）也放假三天。

宋朝厚待士大夫，給官員們安排的假期更多。《宋會要輯稿》記錄了北宋中葉幹部階層的假日安排：春節、寒食、冬至，各放七天假；夏至、臘八、上元（元宵節）、中元（七月十五）、下元（十月十五）、皇帝生日，各放三天假；立春、立夏、立冬、春分、秋分、春社、秋社、三伏、七夕、三月三、端午節、重陽節，各放一天假。如果再加上每月三次的旬休（相當於現在的週末），同時刨除掉不同節假日之間可能重疊的天數，一個宋朝官員全年享受的正常假期大約在一百二十天左右，等於一年當中有三分之一的時間處於休假狀態。

5 舊時習俗於立春日時做的春餅、生菜。

6 宋代人過年飲「屠蘇酒」。因酒的酒精濃度不高，女性和小孩、老人都可以喝。宋朝人平日敬酒先長後幼，表示敬老，但喝屠蘇酒相反，主要是因為老年人每過完一個春節，就離死亡更近一年，所以反過來讓小孩子先喝，祝賀他們又長大了一歲，到最後才向老年人敬酒，以免引起他們的悲傷。

餺飥

宋仁宗時期，清官包拯認為假期太多不利於為人民服務，提議把七天長假縮短成五天，也就是說，春節期間只能放五天假。宋仁宗採納了他的建議，百官無不叫苦，暗暗咒罵包拯多事。後來宋神宗即位，又恢復了過去的老規矩，春節假期又延長到七天。

春節假期雖長，領導們卻不一定能夠回家過年。當年陸遊去四川做官，在四川待了整整七年，每年春節都會放假，每年他都在任職地過年，從來沒有回過紹興老家。不是他不想回，是假期給得太少，來不及回去。照我們現代人的想法，七天假期並不算少，可是古代交通太落後，路上花的時間太長，朝廷給的假期遠遠不夠。記得陸遊四十五歲那年去四川赴任，在農曆五月十九坐船出發，一路上換了九回船，還有兩回差點淹死在長江裡，到了十月二十七才抵達四川奉節。現在開車一兩天的路程，他老人家走了將近半年！假如每年春節他都回紹興，回去路上花半年，回來路上花半年，一年時光全扔到路上了，還怎麼工作啊！

當然，不管能不能回家，春節都得過。陸游在奉節當副市長的時候，過年時一樣要在機關大院貼春聯，一樣要祭祖，一樣要吃年夜飯。

宋朝時貼春聯比今天麻煩多啦！現在有門神有春聯就行了，宋朝時除了貼門神、貼春聯，還要換桃板、換桃符、換天行帖子。桃板是用桃木鋸的木板，豎長形，釘在大門兩邊的門柱上，春聯則貼在桃板上面。桃符是桃木刻的化煞用品，有圓形有方形，邊緣雕刻卍字元，中間雕刻神仙或瑞獸，釘在門楣下面。天行帖子是一張紅紙，中間寫四個大字：「承天行化。」這張紙貼在門楣中間，就像現在春聯裡的橫批。

現代人是先貼春聯，再吃年夜飯。宋朝人卻是先吃年夜飯，再貼春聯。各地的年夜飯不盡相同，但據《東京夢華錄》和《武林舊事》載，無論南宋還是北宋，最通行的年夜飯都是餺飥。

「餺飥」是胡語，餺飥這種食物也是胡人發明的麵食，至少在南北朝時期就傳到了中原。最初它的做法非常單一：和好麵，切成條，掐成小段，把小麵段放到手心裡，用另一隻手的大拇指按扁，使勁一搓，搓成中間凹兩頭翹的柳葉舟，放到菜羹裡煮熟，撈出來就

7　主要為山梨縣。

可以吃了。從做法上推想，這種食品應該就是現代關中麵食「蕎麵圪飥」和「貓耳朵」的前身。

到了宋朝，餺飥的做法豐富起來。宋朝人把搓出來的貓耳朵叫餺飥，也把桿切的麵條叫餺飥，同時還把揪麵片叫餺飥。要說宋朝的餺飥跟最初的餺飥有什麼共同之處，那就是煮的方式始終沒變，始終是把麵下到菜羹裡面煮。

與餺飥並列於世的另一種麵食叫「索餅」，它就是今天的拉麵。宋朝人煮拉麵用清水煮，煮熟撈出，拌以澆頭。而餺飥則不同，它是直接用菜羹煮熟的，在煮的過程中就已經入味，所以不需要澆頭。

同樣也是在宋朝，餺飥傳到了日本，成為大和民族喜愛的主食[7]。如果您去日本旅遊的話，應該能見到很多出售餺飥的麵館，那裡煮麵的方法延續了宋朝傳統，仍然是用菜羹來煮。

用菜羹煮麵條（或者麵片和貓耳朵），做起來簡單，吃起來也沒有特殊的美味，這道主食怎麼能成為年夜飯？宋朝人過年怎麼就不吃餃子呢？實話說，宋朝是有餃子的，當時不叫餃子，也不叫扁食，叫餛飩（宋朝人管餃子叫「餛飩」，管餛飩叫「餶飿」）。按照大宋習俗，餛飩是冬至那天吃的，餺飥是除夕和正月初一吃的。

換句話說，宋朝人過年不吃餃子，過冬至才吃餃子。所以南宋杭州有句民諺：「冬餛飩，年餺飥。」北宋開封也有一句俗語：「新節已過，皮鞋底破，大擔餛飩，一口一個。」新節指的是冬至，冬至那天使勁吃餃子，到了春節反而沒的吃了，只能用菜羹煮餺飥。

宋元灌湯包

據周密《武林舊事》記載，南宋首都杭州街市上共有如下「蒸作從食」出售：

子母繭、春繭、大包子、荷葉餅、芙蓉餅、歡喜團、駱駝蹄、太學饅頭、羊肉饅頭、細餡、糖餡、豆沙餡、飯餡、酸餡、筍肉餡、麩蕈餡、棗栗餡、薄皮、蟹黃、灌漿、乳餅、菜餅、秤錘蒸餅、睡蒸餅、千層、月餅、畢羅、春餅、韭餅、諸色夾子、諸色包子、諸色角子。

何謂「從食」？主食是也。何謂「蒸作」？蒸煮是也。所謂「蒸作從食」，就是用蒸煮方式弄熟的主食。在南宋市面上，這種主食還真不少，前面單列的就有三十多種，下面容我一一介紹。

子母繭：大春捲套小春捲。生麵做皮，羊肉做餡，卷裹成蠶繭狀，入油炸黃，再裹上一層發酵麵皮，卷成春捲，上鍋蒸熟。普通春捲只有兩層，裡層肉（或者蔬菜），外層麵；這種春捲卻有三層：裡層肉，中層麵，外層還是麵。雖說裹了兩層麵，吃起來並不黏牙，內層的麵皮焦脆，外層的麵皮酥軟，像煎餅餜子似的分出層次來。

春繭：即春捲。

大包子：不要望文生義，以為此包子等於彼包子。宋朝語境與今不同，宋朝人說「包子」，絕非麵裹餡，而是菜葉裹餡，所謂「大包子」，實為大菜捲。找一隻粗瓷大碗，鋪上一層菜葉，再往菜葉上放一堆肉餡，上鍋蒸熟，然後捧出菜葉和肉餡，雙手裹著往嘴裡送，這才是宋朝大包子的真正含義。

荷葉餅：麵粉加鹽，加酵母，和成麵團，充分發酵，桿成薄餅，用現成的荷葉模子去壓，壓成荷葉狀的小麵片，刷上油，上籠蒸熟。

芙蓉餅：做法同上，只不過換一模子，把荷葉模子換成荷花模子，使麵片呈現出荷花的形態。

歡喜團：此物源出印度，唐朝時隨佛經傳入中土。麵粉、米粉、砂糖、蜂蜜，四樣混合，揉勻，掐開，搓成一顆顆小圓球，頂端印花，或用花瓣染色，最後抹上香油，上籠蒸熟。

駱駝蹄：重陽節期間的傳統小吃，在重陽糕裡裹上肉餡，捏出兩個尖來，平底朝下，上籠蒸熟。

灌湯包

太學饅頭：宋朝人所說的「饅頭」，恰恰是我們現在說的包子，太學饅頭即太學包子。北宋後期，奸臣蔡京秉政，此人為收買人心，連續三次改善太學生的伙食，使太學食堂裡的肉包子越做越好，聞名開封。北宋滅亡後，太學的廚師流亡杭州，捎帶著將太學包子的招牌傳到了南宋。

羊肉饅頭：羊肉餡的包子。

細餡：鵪鶉餡的包子。

糖餡：糖包子。

豆沙餡：豆沙包子。

飯餡：炒米餡的包子。

酸餡：酸菜餡的包子。最近幾十年來校點宋人筆記，常有學者將「酸餡」校為「餕餡」，進而又解釋為「熟餡包子」，真是大錯特錯——包子餡兒有不熟的嗎？不熟您敢吃嗎？

筍肉餡：筍肉餡的包子。

麩蕈餡：用麵筋和香菇做餡的包子。蘇東坡詩云：「天下風流筍餅，人間濟楚蕈饅頭。」用筍做餅，用香菇做包子，那是天底下最好吃的兩樣食物。可以想見，假如我們給蘇東坡端上「筍肉餡」和「麩蕈餡」，他一定開心得連口水都流出來。

棗栗餡：用棗泥和栗肉做餡的包子。

薄皮：薄皮包子。

蟹黃：蟹黃包子。

灌漿：灌湯包子。

乳餅：奶豆腐[8]。

菜餅：菜餅子[9]。

秤錘蒸餅：「蒸餅」是指饅頭，實心無餡的饅頭，在宋朝又叫「炊餅」、「籠餅」。秤錘蒸餅，像秤錘一樣又高又圓的饅頭。

睡蒸餅：比秤錘蒸餅矮而扁。

千層：千層餅。

月餅：仍然不要望文生義，以為宋朝就有了月餅，進而認為宋朝人中秋節也有吃月餅的習俗。實際上，宋朝的月餅是月牙狀的麵食，蒸熟，沒餡，需要就著菜吃，並不像現在的月餅，既有餡，又是滿月狀，還是烤製而成，香甜可口。

畢羅：畢羅本是中亞食物，唐朝傳入中國，宋朝養生寶典《奉親養老書》載有其做法：將麵皮或粉皮鋪在碗底，倒入肉餡、菜餡、果餡或者炒飯，上籠蒸熟，接著倒扣在盤子裡，皮在上，餡在下，透過半透明的薄皮，可以瞧見盤底的內容，用手抓著吃。

春餅：野菜餅。

韭餅：韭菜餅。

諸色夾子：夾子是宋朝人發明的一種特色小吃，通常是將張力較好的塊莖類蔬菜切成連刀片，釀以肉餡，然後油炸或者蒸煮。「諸色夾子」即各種各樣的夾子，包括藕夾、茄夾、瓠夾、筍肉夾等。南宋市面上偶爾也會出現「麵夾」（又叫「油夾」），麵皮包餡，裹成小菜角的形狀，用平底鍋煎熟，實際上就是水煎包的前身。

諸色包子：前面說過，宋朝「包子」實為菜捲，故此「諸色包子」指的是各種各樣的菜捲。

諸色角子：「角子」絕非餃子，它是一種狹長形的包子，麵皮裹餡，捏出兩個角或者三個角，底部是平的，表面沒有褶，只有兩條棱或者三條棱，因為有角，故名角子。

---

8 蒙古族牧民家中常見的奶食品。用牛奶、羊奶、馬奶等經凝固、發酵而成的食物，因外型像豆腐而得名。

9 菜包。

OK，到此為止，我們已經介紹完了《武林舊事》中列舉的所有蒸作從食，回頭看一看，可以得出一個很明顯的結論：這些食品當中超過百分之八十都帶餡。不信您瞧，子母繭和春繭都有餡，大包子是菜葉裹餡，駱駝蹄是重陽糕裹餡，畢羅出鍋之後要將麵皮或者粉皮蓋在餡上，諸色夾子是往連刀片裡釀肉餡，至於太學饅頭、羊肉饅頭、細餡、糖餡、酸餡、豆沙餡……，統統都是包子，包子自然更加離不開餡了。

包子跟包子不一樣。有肉包子，也有素包子；有帶褶的包子，也有不帶褶的包子；有灌湯包子，也有不灌湯的包子。

太學饅頭和羊肉饅頭是肉包子，糖餡和酸餡是素包子。大多數包子都有褶，如開封第一樓灌湯包至少要捏出三十六道褶，靖江灌湯包至少要捏出三十二道褶，天津狗不理包子至少要捏出十八道褶……，可是也有完全不帶褶的包子，如剛才我們介紹的「諸色角子」就沒有褶，只有稜。元朝忽思慧《飲膳正要》載有一種「倉饅頭」，厚厚的發酵麵皮裹著一小團肉餡，也沒有褶，單瞧外觀，跟饅頭長得一模一樣，掰開了才知道內有乾坤。

忽思慧《飲膳正要》載有多種灌湯包子，包括「茄子饅頭」、「剪花饅頭」、「蒔蘿角兒」和「蟹黃包子」。除蟹黃包子外，其他幾種均跟現在的灌湯包子大不相同，如茄子饅頭是用挖了瓤的嫩茄子做皮，將灌漿肉餡釀在茄子裡；剪花饅頭不但灌漿，而且外皮上還用剪刀剪出諸般花樣；蒔蘿角兒則是狹長形的灌湯包子，餡內拌有蒔蘿，麵皮用精粉和蜂蜜混合，燙成水晶皮。

《武林舊事》中列舉的南宋包子將近二十種，其中一種名曰「灌漿」，指的自然是灌湯包子；還有一種名曰「蟹黃」，指的自然是蟹黃包子。現在的蟹黃包子同時可能是灌湯包子，如揚州的蟹黃湯包、宜興的蟹黃饅頭、煙臺的灌漿蟹包，統統都是既蟹黃又灌湯的，但宋朝的蟹黃包子是否灌湯就難說了。

現存宋朝史籍與宋朝食譜均未提及當時蟹黃包子的具體做法，只有南宋曾敏行《獨醒雜誌》講了一則與蟹黃包子有關的故事，說是蔡京當宰相的時候，某天請幾百個下屬一塊兒吃飯，吩咐廚師做「蟹黃饅頭」（即蟹黃包子），飯後廚師算了算帳，「饅頭一味為錢一千三百餘緡」。單做蟹黃包子就花了一千三百多貫。

這件事發生在宋徽宗崇甯年間，常年米價一千二百文能買一石。宋朝一石米重約六十公斤，據此估算，當時一貫銅錢的購買力相當於現在的新臺幣一千兩百多元，蔡京請一頓蟹黃包子花了一千三百多貫，折合新臺幣一百二十多萬元，真是奢侈到了極點！

當然，一頓一百二十多萬元的蟹黃包子，不是蔡京一個人吃，是幾百個人一塊兒吃。現在揚州正宗的蟹黃湯包賣到新臺幣四百元一小籠，剛好能哄飽一個人的肚皮，幾百個人每人一籠，一頓幾十萬塊錢也足夠了，蔡京為何竟然花了幾百萬元呢？

據我猜想，廚師貪污可能是一項原因，此外還應該有一項原因：古代的蟹黃包子很可能比現在的蟹黃湯包用料要地道。元朝生活手冊《居家必用事類全集》裡有一道「蟹黃兜子」（兜子是宋元時期頭盔俗稱，蟹黃兜子即頭盔狀的蟹黃包子，近似蟹黃燒賣），做四個包子，需要用到「熟蟹大者三十隻」、「生豬肉一斤半」，可見那蟹黃絕對是真正的蟹黃，不是用鴨蛋黃冒充的。

酸餡兒

話說北宋時期，開封府有一個開當鋪的張員外，只因平日小氣到了極點，從不多花一文錢，從不讓人沾他一絲一毫的便宜，故人送綽號「禁魂張」。按宋朝白話，「禁」即降服，「魂」即鬼魂，人們說他「禁魂」，意思就是十分精明，連鬼魂也別指望從他手裡弄出錢去。

有一天，一個乞丐從禁魂張的當鋪門口經過，口裡唱著蓮花落，手裡拿著大漏勺，希望禁魂張能施捨幾枚銅錢。禁魂張正在裡屋算帳，櫃上是他的夥計當值，那夥計見乞丐可憐，順手往漏勺裡面扔了兩文錢。

這一舉動剛好被禁魂張看見了，禁魂張怒氣沖沖，從裡屋衝出來，正言厲色地對夥計說：「你是給我打工的，居然胳膊肘往外拐，你有什麼權利給這個臭要飯的兩文錢？一天給他兩文，一千天就得給他兩貫！」說著搶過漏勺，往櫃上錢堆裡一倒，倒了個底朝天。那乞丐不但沒要到錢，還把別處施捨的幾十文銅錢全賠了進去，自然不服。可他怕挨打，不敢跟禁魂張動武，只是站得遠遠地高聲叫罵。

一個小老頭走過來勸道：「這張員外是有名的禁魂張，家大業大，手眼通天，你是爭不過他的。不如我給你二兩銀子，你當本錢去賣菜糊口吧。」乞丐千恩萬謝，拿著二兩銀子離開了。原來這個小老頭是個喜歡劫富濟貧的神偷，江湖人稱「宋四公」。

為了給乞丐出氣，同時也為了懲罰禁魂張，宋四公決定去他當鋪裡偷錢。到了晚上，宋四公去夜市上買了兩隻焦酸餡兒，拌上一些毒藥，又準備了一些類似雞鳴五鼓斷魂香的迷香，翻牆進入禁魂張的當鋪。他先用拌了毒藥的焦酸餡兒毒暈了兩條看門狗，又用迷香迷暈了看守庫房的保全，然後再用自配的萬能鑰匙打開了庫房大門，偷走五萬貫財物，連夜溜出了開封城⋯⋯。

上述故事出自宋朝話本《宋四公大鬧禁魂張》（原文收錄于齊魯書社二〇〇〇年版《宋元小說家話本集》），整個故事情節非常精彩曲折，但是我們就掐出開頭這一段講講，後面的故事就不再贅述了。為什麼單掐開頭這段故事呢？因為它提到了一種宋朝食物：焦酸餡兒。如前所述，宋四公正是在兩隻焦酸餡兒裡拌了毒藥，才弄暈了禁魂張的兩條看門狗。那麼焦酸餡兒究竟是什麼東西呢？且聽慢慢道來。

首先必須說明，焦酸餡兒並不是熬焦了的酸餡兒，而是外皮酥脆的酸餡兒，在宋朝白話中，「焦」的意思往往等同於「脆」。如宋朝有一種大餅叫「寬焦」，意思是這種大餅又寬又脆，而不是又寬又焦。宋朝還有一種小點心叫「焦子」，指的用麵粉和糯米粉拌蔗糖，團成圓球狀，入油炸熟，裹上麥芽糖，用竹籤子串起來，狀如糖葫蘆，由於經過油炸，外皮稍脆，故名焦子。

想搞清楚「焦」的含義並不困難，難的是怎樣搞明白「酸餡兒」的含義。

南宋筆記《武林舊事》第六卷單列「蒸作從食」，有太學饅頭、羊肉饅頭、細餡、糖餡、豆沙餡、生餡、飯餡、酸餡、筍肉餡、麩蕈餡、棗栗餡、薄皮、蟹黃、灌漿等名目。

我們知道，宋時「饅頭」均為包子，諸如細餡、豆沙餡、糖餡、生餡、飯餡、酸餡等食品得與太學饅頭和羊肉饅頭並列，應該也屬於包子，只不過這些包子使用的餡料不同，所以才用餡料來命名。

如果酸餡兒是包子，那它究竟是什麼形狀的包子呢？關於這一點，我們必須參讀金盈之的《新編醉翁談錄》。

金盈之是宋朝人，生在北宋，死在南宋。南宋宰相韓侂胄興兵北伐，開始戰事頗為順利，將金兵打得潰不成軍，南宋朝野群情振奮，以為「行將恢復」，馬上就能打到中原，恢復北宋當年的繁榮氣象了。故此金盈之寫下《新編醉翁談錄》這本書，用濃筆重彩來詳

酸餡兒

細描述他曾經生活過的北宋風貌，好讓沒有見識過盛世氣象的年輕讀者預習預習，以便將來能儘快適應故土盡復的美好生活。

當然，後來韓侂胄北伐失利，金盈之的憧憬成了竹籃打水一場空，但他這本書總算留了下來。此書第三卷描寫北宋開封的節令習俗，提到這麼一句：「人日造麵繭，以肉或素餡，其實厚皮饅頭，酸餡也。」意思是到了正月初七，開封城裡家家戶戶都包麵繭，有的包肉餡兒，有的包素餡兒，這種麵繭其實就是厚皮包子，又叫酸餡兒。

何謂「麵繭」？兩頭尖尖，中間略鼓，底下平平，頂端有棱，是一種形態古怪的長包子。由此可見，酸餡兒的造型就是這個樣子。

南宋田園詩人范成大描寫過麵繭的造型：「兩頭纖纖探官繭，半白半黑鶴氅緣。腷腷膊膊上帖箭，磊磊落落封侯面。」「官繭」是指機關小食堂加工的麵繭，兩頭纖纖探官繭，可見麵繭的確是兩頭尖尖、中間略鼓的長包子。為何管這種包子叫麵繭呢？因為它的樣子像蠶繭。

我是開封人，今日開封民間仍流行包那種好似蠶繭一樣的長包子，做法極其簡單，比包普通的包子還要簡單：將半發酵的麵團掐成小團，一一拍扁，桿成圓圓的、跟手掌差不多大的面皮，托在手中，放上餡兒，將兩條弧邊對折、合攏、捏緊，再讓面皮繼續發酵，待包子發得圓鼓鼓的，上籠蒸熟。坦白說，整個過程極像包餃子，只不過餃子用死麵，不用發麵，一般煮熟，不是蒸熟，而且皮也沒這麼厚，更沒這麼大罷了。

在今日開封，我們稱這種包子叫「角子」，因為它兩頭尖尖，有兩個角，故此得名。事實上宋朝人有時候也管它叫角子。南宋夜市上有一種「水精角兒」，就是用燙麵做皮的半透明狀的長包子，因為它半透明，能看見裡面的餡料，好像水晶，所以叫水精角兒。

一部分研究宋朝飲食的朋友不明真相，讀音生義，誤以為水精角兒就是水晶餃子，進而下結論說宋朝人就管餃子叫角子，實在是大錯特錯。宋朝當然有餃子，可宋朝人只稱其為「餛飩」。宋朝當然也有餛飩，可宋朝人卻稱其為「餶飿」。兩宋三百年，「餃子」一詞從未誕生。

簡言之，角子即是麵繭，而面繭卻不完全等於酸餡兒。酸餡兒的外形雖然可以斷定是兩頭尖尖的長包子，但未必所有的長包子都是酸餡兒，只有包了酸餡兒，它才得以成為酸餡兒。

照我們現代人的常識，包子餡可葷可素，可鹹可甜，唯獨不應該酸，如果餡都酸了，那說明包子壞了，沒有人會吃。可是我們不能用今人之心度古人之腹，我們不愛吃酸餡兒，不代表宋朝人不愛吃。

宋朝有一種飲料叫「漿水」，其實是發酵過後的米湯，再加點糖，回鍋熱一熱。米湯稍作發酵，味道是酸的，酸中帶些甜，並且略有酒味，加糖回鍋，口感甚佳。現代中國當然不流行這種飲料，可是在韓國卻很流行，不知道是不是繼承了宋朝的遺風。

宋朝有一種米飯叫「水飯」，它跟今日東北農村的過水米飯完全不同，是用熟米和半發酵米湯配製而成的稀粥，味道同樣是酸的，酸中略微帶些甜。

同樣的，宋朝人加工包子餡，一樣可以將餡料發酵一下，使其形成獨特的酸味，然後再包成那種兩頭尖尖的長包子，這應該就是真正的酸餡兒。

包出酸餡兒，不上鍋蒸，卻用平底鍋煎熟，煎得跟巨型水煎包一樣，底部脆香，上面鬆軟，應該就是宋四公打狗時所用的焦酸餡兒了。當然，這並不是最終結論，只是推測而已，因為迄今為止，所有存世的宋朝食譜均未提及酸餡兒的餡料究竟是不是要經過發酵。

為了驗證發酵後的餡料能不能食用，我用泡發的腐竹[10]、擇蒂的木耳、洗淨切絲的小白菜做了一盆餡，撒上佐料，醃半小時，再用保鮮膜密封，常溫下擱置一天一夜，第二天打開，酸氣撲鼻，然後用這種酸餡兒包了一鍋長包子。您猜怎麼著？蒸出的包子鼓鼓的，口感更加鬆軟，餡料更加爽口。我連吃了四頓，至今還沒有拉肚子。

金盈之《新編醉翁談錄》寫得明白，酸餡兒的餡料或葷或素，我為什麼只用蔬菜做實驗，而沒用肉餡兒呢？

第一，肉比較貴，實驗成本比較高，萬一發酵失敗，我會挨妻子的罵；第二，在宋人詩話中，酸餡兒這種食品通常都是寺廟的常餐，以至於蘇東坡在諷刺和尚詩歌的時候，會說「有酸餡兒氣」。和尚大多食素，所以我想酸餡兒應該也是以素餡為主吧。

水飯

說到水飯，東北的朋友應該不陌生。酷暑天氣，煮一鍋米飯，不要煮爛，一熟就停火，稍燜一會兒再出鍋，撲通撲通，倒進剛汲上來的井水裡，把米飯浸得冰涼，撈上來，粒粒分散，顆顆清爽，大熱天來一碗，沁人心脾，這就是水飯。像這種食物，或者說這種吃法，在東北農村很流行，在河北農村也常見，據說東北的水飯還是從河北傳過去的。

有的朋友不明就裡，見東北人吃水飯，就想到東北原是滿洲故地，就以為水飯是滿人發明的。

其實水飯的歷史要比滿人早得多。元雜劇《伊尹耕莘》第一折有這麼一段唱：

俺雖是莊農田叟，閒遊北疃南莊，
新撈的水飯鎮心涼，半截梢瓜沾醬。

「新撈的水飯鎮心涼」，說明元朝就有過水拔涼的水飯；「半截梢瓜沾醬」，說明元朝人吃水飯還有配鹹菜的習慣，現在東北人吃水飯也喜歡配鹹菜。

元朝有一本地方誌叫《析津志》，描寫當時北京風土人情，有一段關於水飯的詳細描寫：

都中經紀生活匠人等，早晚多便水飯。人家多用木匙，少使箸，仍以大烏盆、大勺，就地分坐而共食之。菜則生蔥、韭、蒜、醬、乾鹽之屬。

北京城裡的小商小販小市民一天早晚都吃水飯，少用筷子，多用湯匙，將水飯撈到大木盆裡，用湯匙挖著吃。配菜也很簡單，不是蔥蒜韭，就是乾鹽醬。我有一個好朋友是河

10　豆腐皮。

北霸州人，二〇一一年夏天我去北京出差，回程時專門到霸州去看他。他親自下廚，請我在他家裡喝酒，酒後的主食就是水飯，也是用大盆來盛，用湯匙挖著吃，跟《析津志》描寫的一模一樣，更證明此種水飯由來已久。

不過元朝的水飯並不只有一個版本。元雜劇《竇娥冤》第三折，竇娥蒙受不白之冤，被押赴刑場殺頭，她婆婆去送行，她吩咐婆婆道：

念在我竇娥服侍了婆婆這幾年，我死後，逢年過節在我墳頭前灑一碗涼漿水飯。我受刑後，你在我屍骨上燒些紙錢，只當是祭奠你死去的孩兒罷！

竇娥在這裡所說的水飯，已經不是剛才我們說的那種過水拔涼、粒粒分散的水飯了。為什麼？竇娥說得明白，「灑一碗涼漿水飯」，當「水飯」跟「涼漿」捆到一塊兒說的時候，它指的其實是一種在現代中國已經絕跡的稀粥：酸酸的、甜甜的、涼涼的、經過發酵的、上有薄米漂浮、仿佛甜酒釀一樣的稀飯。

我們都知道甜酒釀的做法：米飯蒸熟，攤開放涼，拌入酒麴，攪勻封存，迅速發酵，加水加熱，加熱的時候最好再放些糖，酒精度很低，甜度很高，乳白色的酒液表層漂浮著幾粒乾癟的米粒……。

可是涼漿水飯不是這樣做的。按宋朝養生寶典《奉親養老書》的記載，做涼漿水飯的前提是做「漿水」。

何謂漿水？半發酵米湯是也。熬一鍋稀粥，將米粒熬化，先放涼，再拌入極少量的酒麴（也可以用蒸饅頭用的米麴代替），蓋上鍋蓋，端到溫度適宜的地方，最多等上一天一夜，鍋裡的稀粥就會咕嘟咕嘟冒出細泡，本來挺安靜挺清雅的米粥變得白濁，跟吐了一鍋唾沫似的。這時候再起火加熱一下，使發酵停止，漿水就做成了。

有一位名叫賈銘的老先生，生在南宋，活在元朝，死於大明，一生經歷三個朝代，見聞非常廣博，他講過另一種做漿水的方法：

炊粟米熟，投冷水中，浸五六日，成此水。

把小米（即粟米）蒸熟，放到涼水中浸泡，泡上五六天，那鍋涼水會自然而然地變成漿水。

賈銘的方法非常簡單，竟然不需要拌麴，因為在盛夏時節，空氣中活躍著大量的酵母菌，會自動往食物裡鑽，想攔都攔不住。在酵母菌的努力耕耘下，一部分澱粉會轉化成糖，進而再轉化成酒精，甚至會轉化成醋。另外空氣中除了酵母菌，還有別的微生物，它們會讓稀粥迅速腐敗。故此賈銘又說：「浸至敗者損人……，水漿尤不可多飲，令絕產。」漿水容易腐敗，容易發酵過度，千萬別多喝，喝多了會生不出孩子來的。

所以我們做漿水的時候，千萬不要等它全部轉化，當漿水聞起來微微有點酸的時候，趕緊加熱，將酵母菌和其他微生物統統弄死，使其不至於腐敗，使其有糖而無酒，喝起來自然酸酸甜甜，雖然沒有加糖，卻好像加糖了一樣。

中國古人的造糖技術並不高明。秦漢魏晉，中國無糖，老百姓想吃甜，只能尋找天然的糖源，例如蜂蜜、水果、甘蔗汁。到了唐朝，我們從印度學會製糖技術，卻只能製出蔗糖，不能製出白糖。進入宋朝，製糖工藝大幅前進，糖產量提高了，純度較高的白糖也出現了，不過那時候的白糖並不是真正的白糖，而是在熬煉麥芽糖時結晶的糖霜。糖霜很稀缺，價格很昂貴，老百姓買不起。事實上，就連經過初步提煉的蔗糖也很貴，升斗小民也不是家家都能買得起的。買不起，又想吃甜，怎麼辦？只有從食物發酵上想辦法，讓稀粥發酵出甜味來。

稀粥發酵出甜味，是為漿水。再利用漿水將米飯變甜，就成了涼漿水飯。具體做法如下：

蒸熟米飯以後，趁熱盛出，浸泡到漿水裡面去，待米飯自然變涼，就可以撈出來吃了。不過也可以不撈出來，連漿水帶米飯一塊兒吃。

上述做法並不是宋朝人發明的，更不是元朝人發明的。南北朝時著名典籍《齊民要術》有載：

水飯

投飧時，先調漿，令甜酢可適口。下熱飯於漿中，尖出便止。宜少時住，勿使撓攪，待其自解散，然後撈盞，飧便滑美。若下飯即撓，令飯澀。

在南北朝時，涼漿水飯被稱為「飧飯」。想把飧飯做得好吃，必須「調漿」，也就是製作漿水，漿水又必須「甜酢可適口」，也就是甜酸要適度（「酢」即酸之義）。有了漿水，將滾熱的米飯放進去，千萬別急著撈，要等到飯團自然散開，才會甜甜軟軟，口感很滑。假如你心急，一放進去就攪動，水飯就澀了。

我不知道水飯在南北朝地位如何，反正在宋朝飯局上，水飯一般是壓軸的主食。例如北宋人王辟之在其著作《澠水燕談錄》中總結道：

士大夫筵宴，率以餺飥，或在水飯之前。

士大夫湊一塊兒喝酒吃飯，主食一般都是餺飥和水飯，先吃餺飥，後吃水飯。

餺飥是一種麵食，這種麵食源自北方遊牧民族（「餺飥」本是漢語對突厥語的音譯），到了宋朝，它泛指一切用菜湯煮熟、無須過水添澆頭的湯麵。這種麵食在宋朝傳入日本。

吃完了餺飥，再來一碗水飯，就像西方人吃完了大餐，最後再來一道甜點。為什麼這樣說？因為水飯經過了漿水的點化，既冰涼，又酸甜。

像這樣的水飯，在現代中國應該是已經完全絕跡了。倒不是說我們現代中國人不懂得繼承老祖宗的文化，而是因為現在已經不再缺糖。單從甜度上講，用漿水泡甜的水飯絕對比不上直接加糖的米粥。另外涼漿水飯還有一條缺陷：做起來複雜，必須先做漿水，而漿水的發酵程度又不宜掌控，火候分寸掌握不好，是很容易讓人鬧肚子的。

老話說得好：「禮失而求諸野。」中國的儒教出現了斷層，我們可以在韓國找到；傳統的飲食在中國失傳，我們同樣可以在韓國找到。

二〇一二年，我去韓國出差，韓國一個出版商請酒，給我們每人點了一小碗湯。這碗湯挺甜，表面漂著一層米粒，很像甜酒釀，但是顏色發黃，還有泡沫，跟生啤似的。我請教其做法，翻譯的小姐說，它是用麥芽汁和米做成的：一鍋清水，一杯麥芽汁，一杯米，一起熬煮，煮得稀稀的，常溫下發酵六小時，完了再煮一下，可以趁熱喝，也可以冰鎮後飲用。據說這是最常見的餐後飲品，名叫食醯，韓國文寫作식케。

據我推想，食醯也許就是古代中國人做涼漿水飯所用的漿水，只不過韓國人用麥芽汁代替了酒麴。

吞魚兒

我們這一代有兩大共性：

第一，沒有挨過餓。二十世紀四〇年代的大饑荒，六〇年代的大鍋飯，我們都沒碰上，我們誕生的時候，城裡已經「恢復政策」了，農村已經「包產到戶」了，無論城裡人還是農村人，家家戶戶都有白麵饅頭可以吃了。

第二，沒有挨過揍。我說的挨揍不是小孩打架那種，也不是父母用武力管教孩子，而是戰火連天，民不聊生，平頭百姓坐在家裡，會無緣無故挨槍吃流彈的那種。這種要人小命的揍，我們從來沒挨過，因為我們僥倖生在了和平年代，僥倖生在了沒有戰爭的中國。

但是我們這一代也有很多不同，其中最大的不同就是出身不同。同樣是八〇後，有的生在城裡，有的生在農村，有的生在沿海，有的生在內地，有的生在豪門，有的生在寒門，有的號稱「高富帥」，有的被評「矮窮醜」，前者一身國際範，後者一身窮酸味。

我就屬於一身窮酸味的那種人，十歲以前沒去過縣城，十五歲以前沒見過火車，十七歲那年考上大學，才第一次走進大城市，那時候連怎樣乘坐地鐵都不知道。後來大學快畢業，跟著導師掙了一筆錢，帶女朋友去我心目中最高檔的餐廳裡吃飯，服務生推薦了一份魚翅，我還納悶：「魚刺怎麼能吃？那不是會刺喉嚨的東西嗎？」聽服務生一解釋，我才知道原來魚翅就是鯊魚的鰭！

越窮酸的人越怕被別人笑話，為了掩飾身上濃郁的窮酸氣質，我選擇拚命看書，看別人不屑看或者看不懂的古書。我以前不是沒吃過鯊魚鰭嗎？OK，我去研究古人怎樣吃鯊魚，等研究出心得，拿到餐桌上劈裡啪啦那麼一講，身上的窮酸味立馬煙消雲散，再也不會有人笑話我把魚翅當成魚刺了。

研究之後我發現，宋朝人也愛吃鯊魚，不過他們吃的不是鯊魚鰭，而是鯊魚皮。

鯊魚皮真是好東西，能做劍鞘，能做刀鞘，能做盔甲，能做錢包，居然還能吃。怎麼吃？「煮熟，剪以為羹，一縷可作一甌。」（莊綽《雞肋編》卷上）去沙，煮軟，剪成長條，燉湯喝，一條能燉一小鍋。燉完湯，皮不斷，用筷子挑出來，絲絲縷縷盤在碗裡，就跟長壽麵似的。夾住一頭，往嘴裡一放，使勁一吸，稀哩呼嚕往裡鑽，又嫩又滑又勁道，嗯，好吃！

宋朝有位游師雄，陝西人，沒見過鯊魚，更沒吃過鯊魚皮，他跟我念大學的時候一樣窮酸。游師雄的朋友燉了一鍋鯊魚皮，給他盛一碗，他兩三下就給消滅了。朋友問：「味新覺勝平常否？」這玩意兒就是傳說中的鯊魚皮，你感覺怎麼樣？跟你平常吃的東西不是一個味道吧？他愣愣地說：「將謂是餺飥，已哈了。」原來是鯊魚皮啊，你怎麼不早說？我還以為是麵條呢，沒怎麼咬就吃了，什麼味道？我沒嘗啊！

故事講到這裡，問題來了：游師雄吃鯊魚皮不過牙，生吞下肚，是因為他把鯊魚皮當成了麵條。為什麼一當成麵條就生吞下肚，完全不咀嚼呢？因為宋代陝西有一種非常獨特的飲食習慣——「食麵蓋不嚼也」。平常吃麵從來不嚼，都是生吞。

聽了這個解釋，大家可能會覺得荒唐：「吃麵哪有不嚼的？太傻了吧？」其實也沒什麼好奇怪的，我的老家豫東農村也有這樣的飲食習慣，吃撥魚兒的時候就不嚼。

撥魚兒是麵食的一種，做法簡單：調一碗麵糊，燒一鍋水，待水開了，用大勺子舀一勺麵糊，架到鍋上，再用小勺子往外撥，左撥一下，右撥一下，麵糊一條條飛進鍋裡，先沉底，再上浮，一個個都是大頭小尾巴，扁扁的身子，狀如小鯽魚，故名撥魚兒。撥魚兒煮熟，撈出過水，澆上菜汁，多放醋，多放紅油，酸酸辣辣的，湯味很正。

撥魚兒的湯味非常重要，撥魚兒本身的味道就不太被人關心了。為什麼不關心？因為我們那兒的小孩子打小就受到非常特別的飲食教育：「撥魚兒不是用來嚼的，是用來喝的！」吃撥魚兒不能嚼，它什麼味道也就不重要了，連湯帶魚兒一起吞吧。所以在我們老家，吃撥魚兒不叫吃撥魚兒，叫「吞撥魚兒」。

吃麵不嚼科學不科學？絕對不科學。不管是從健康角度說，還是從飲食體驗上說，吃麵都應該嚼一嚼，不嚼就不利於消化，不嚼就體會不到食物的質地和口感，不嚼就不能充分享受食物的味道。

當然，如果食物味道太差，同時又非吃不可，那最好還是不嚼。

當年蘇東坡流放海南，蘇轍流放廣東，哥倆在廣西碰頭，路上餓了，吃路邊攤，味道奇爛，蘇轍難以下嚥，蘇東坡兩口吃完，蘇轍佩服得五體投地，說：「哥，你真行，你是怎麼咽下去的？」東坡笑了：「九三郎（蘇轍在家族中排行九十三），爾尚欲咀嚼耶！」（陸游《老學庵筆記》）這麼難吃的飯，你還想細細品嘗啊？我都不敢嚼，直接送進去！

我小時候挑食，我奶奶經常給我講我爸吃紅薯的故事：大鍋飯時代，我爺爺得罪了村幹部，秋後分糧食，分了一擔紅薯，全是壞的，豬都不吃，可是人得吃，不吃不行，餓啊。我奶奶煮了一鍋紅薯稀飯，所有人都鼓起勇氣嘗了嘗，隨即都吐了出來，只有我爸毫不介意，一連吃了兩大碗。我奶奶問他：「小二（我爸行二），你不嫌苦？」我爸一邊漱口一邊說：「唔～我沒嚼……。」其實不嚼也能感覺到苦，但是如果細嚼慢嚥的話，那就更苦了。

以上兩段故事都是真的，都是歷史，前者是野史，後者算是口述史。這些歷史告訴我

撥魚兒

們，嚼有嚼的好處，不嚼有不嚼的好處，在特定的時候，吃飯並不一定要嚼。

喝粥可以不嚼，喝湯可以不嚼，吃特別難吃的食物最好不要嚼（其實最好是不去吃它）。宋朝陝西的麵條，今日豫東的撥魚兒，非湯非粥，而且並不難吃，幹嘛不嚼呢？原因無他，那只是一種習俗，或者說只是一種傳統。

什麼是習俗？就是別人怎樣，你也跟著怎樣。什麼是傳統？就是過去怎樣，現在也怎樣。別人不一定正確，過去不一定科學，可是我們仍然會模仿別人的不正確、延續過去的不科學。

據說科學家們做了一個實驗。

第一天，找四隻猴子，在牠們能看見的地方放一堆香蕉。猴子愛吃香蕉，樂壞了，去搶，科學家立即過來一頓揍，揍得猴子吱吱亂叫。

第二天，還是這四隻猴子，仍然在牠們看得見的地方放一堆香蕉。猴子記吃不記打，又去搶，又挨了一頓揍。

第三天，還是這四隻猴子，還給它們備好香蕉，還是不准牠們吃，誰吃誰挨打。

如此這般過了半個月，四隻猴子形成條件反射了，看見香蕉就怕，送到嘴裡都不敢吃了。這時候科學家又找來兩隻新猴子，讓牠倆跟四隻老猴子生活在一起。您猜怎麼著？新猴子只要一吃香蕉，就會挨老猴子的打，打得新猴子也不敢吃香蕉了。

一個月以後，科學家撤走老猴子，留下那兩隻新猴子，它們不挨打了，可是仍然不敢吃香蕉。科學家又送了一隻新新猴子進去，每當新新猴子要吃香蕉的時候，那兩隻已經不新的新猴子就像過去老猴子打它們一樣打新新猴子，直到新新猴子也不敢吃香蕉……。

我不知道科學家們是不是真的做過這個實驗，我也沒有機會來驗證這個實驗是否可靠，因為我沒有猴子，即使有，也不敢打牠們，純粹是虐待動物嘛！但我覺得這個實驗是可靠的。我的意思是說，如果我們做了這樣的實驗，實驗結果會跟前面描述的一樣，只要新猴子敢吃香蕉，牠就會挨老猴子的打，因為這個猴群裡已經形成了不吃香蕉的傳統。

人不是猴子，但人跟猴子有兩大共性：第一，都有條件反射；第二，都懶於思考。上一代有了條件反射，會傳給下一代，下一代再把它傳給下下一代，傳不了三代，就成規矩了，就成傳統了，人人在傳統面前都懶於思考，都不假思索地當它是天經地義。

據我推測，宋朝陝西吃麵條不嚼，豫東農村吃撥魚兒不嚼，極可能是因為某個或者某幾個老祖先在饑餓時代生活了一輩子，天天跟人搶飯吃，終於總結出了「不嚼才能比別人多吃」的妙訣，於是鄭而重之地將其傳給了後代，後代再將其傳給更遠的後代，傳得越久，越沒有人質疑。

後代們未必挨餓，未必要跟人搶飯，可是老祖宗都說不嚼為好，那一定是有大道理的，我們就別叛逆了，也跟著吞吧。

第三章

無肉不歡

東坡肉和東坡魚

蘇東坡在湖州當市長的時候，因為亂講話，得罪了御史中丞。中丞很生氣，後果很嚴重，老蘇很快被捕入獄。

被捕那天，蘇東坡正在大堂上辦公呢，一幫軍警直沖上去，二話不說，將老蘇五花大綁，牽著就走。老蘇嚇壞了，連問何事，領頭人惡狠狠地說：「御史中丞召！你犯了滔天大罪，御史中丞要找你問話！」老蘇只好乖乖地跟著走。他的老婆孩子在後面追，邊追邊哭成一片。老蘇也哭了，高喊著弟弟蘇轍的名字囑咐道：「子由，以妻子累爾！」兄弟，做哥哥的小命難保，你嫂子你侄子以後都要靠你養活了。

到了首都開封以後，蘇東坡被打入天牢，他的大兒子蘇邁進去探監，他囑咐道：「送食惟菜與肉，有不測則撤二物，而送以魚。」（《避暑錄話》卷下）你在外面幫我好好打探消息，如果皇上不殺我，你就一天三頓送菜送肉給我吃；如果聽說朝廷定我死罪，你就送一條魚過來，提醒我儘快安排後事。

蘇邁很聽話，每天按時去送飯，頓頓都是兩個菜，一道素的，一道葷的，不送魚。如此這般送了一個月，錢花光了，蘇邁去陳留（位於開封東郊）找親戚借錢。那時候交通不便，從開封到陳留走一趟得花一整天，蘇邁怕老爹餓著，去之前專門委託一個熟人：「我爸在牢裡關著，今天就麻煩您給他送飯了。」他光顧著讓人家送飯，卻忘了告訴人家別送魚，結果那個熟人送了一條鹹魚進去，可把蘇東坡嚇壞了，以為很快就要殺頭，一口氣寫了好幾首絕命詩……。

故事的結局我們都知道：太皇太后幫蘇東坡求了情，皇帝開恩沒殺他，只把他流放到了黃州而已。

今天之所以要跟大家分享這個故事，主要是想說說蘇東坡的飲食偏好。單從他讓兒子送的飯來看，他應該愛吃菜，也愛吃肉，但應該不愛吃魚。假如他愛吃魚勝過愛吃肉，那他更可能這樣囑咐：「送食惟菜與魚，有不測則撤二物，而送以肉。」只要朝廷不判我死罪，你就一直送魚過來，除非我小命難保，你再送肉。我的意思是說，在這裡好食物代表好消息，壞食物代表壞消息，蘇東坡既然讓兒子用肉報平安，用魚報凶信，說明他討厭魚，平常不怎麼愛吃魚。

現存文獻中處處可以見到蘇東坡愛吃肉的記載。

此公流放惠州後，曾給弟弟蘇轍寫信，懷念當年在朝中做官時的飲食待遇：「三年堂庖所食芻豢，滅齒而不得骨。」（《仇池筆記》卷上《眾狗不悅》）在中央食堂吃了三年肥羊肉，一口咬下去，滿嘴都是肉，啃半天都啃不到骨頭。等到去惠州當老百姓，俸祿停了，免費食堂吃不到了，只能自己買肉吃。他買不起，整天蘿蔔白菜，只好去集市上買點兒羊脊骨打打牙祭：「骨間亦有微肉，熟煮熟漉，若不熟，則泡水不除，隨意用酒薄點鹽炙微焦食之，終日摘剔，得微肉於牙綮問，如食蟹螯，率三五日一食，甚覺有補。」（同上）羊脊骨俗稱「羊蠍子」，惹惹杈杈一長串，沒什麼營養，不適合燉湯，好在骨縫裡總有剔不淨的殘肉，老蘇買回家，先煮後烤，用牙籤剔著往嘴裡送，一副羊蠍子能吃一整天，跟吃螃蟹似的，三五天吃一回，又便宜又解饞。

在流放惠州之前，蘇東坡還曾經流放黃州，黃州一農民家裡耕牛得病，被他買了下來，拉到城外偷偷宰掉，「乃以為炙」（《春渚紀聞》卷六《牛酒帖》），做成烤牛肉吃。按宋朝法令，耕牛是生產資料，任何人不得私自宰殺，否則宰牛人與買牛肉者都有罪，而老蘇竟敢違反這一禁令，說明他相當饞肉，既愛吃羊肉，也愛吃牛肉。

當然，蘇東坡也愛吃豬肉。

現在有一道極為常見的菜叫「東坡肉」，各地做法不同，有的先煮後燒，有的先煮後蒸，有的直接燜煮收汁，但是選用的主料和成品菜的造型都大同小異，主料都是半肥半瘦，成品菜都是擺得整整齊齊的麻將塊，紅得透亮，色如瑪瑙，夾起一塊嘗嘗，軟而不爛，肥而不膩，又好看又好吃。據說這道菜正是蘇東坡的發明。

蘇東坡確實做過豬肉，但他應該沒做過東坡肉。《蘇軾文集》中唯一記載豬肉做法的

東坡魚

文章是一則《蒸豬頭頌》：「淨洗鍋，淺著水，深壓柴頭莫教起。黃豕賤如土，富者不肯吃，貧者不解煮。有時自家打一碗，自飽自知君莫管。」相對羊肉而言，豬肉在宋朝是低賤之物，「御廚不登彘肉」（《後山談叢》卷二），豬肉進不了御膳房；「士夫不以彘為膳」（《甲申雜記》卷上），士大夫不吃豬肉；在北宋中葉，羊肉售價五六百文一斤，豬肉售價八九十文一斤（參見王仲犖《金泥玉屑叢考》），豬肉比羊肉便宜好多倍，故此蘇東坡說「黃豕賤如土，富者不肯吃」。窮苦老百姓倒不嫌豬肉低賤，可是他們不懂得烹調竅門。蘇東坡認為竅門很簡單：「淨洗鍋，淺著水，深壓柴頭莫教起。」四個字概括，「小火慢燒」而已。

小火慢燒蒸豬頭，耐心等，等火候到了，豬頭自然會爛，但僅憑這個就能把豬頭做好吃嗎？肯定不能。豬頭有濃重的臟器味，怎麼去除？是在上鍋之前用食用鹼搓洗？還是在出鍋之後用醬料調製？抑或蒸之前先燉煮一番，撇去腥沫，過水改刀？蘇東坡通通沒提。

我常常懷疑蘇東坡是否真會燒菜。沒錯，他是美食家，他的《老饕賦》、《飲酒說》、《沙羊頌》、《蒸豬頭頌》寫得都很生動，隔了千年再讀，依然活色生香，但美食家未必是好廚師，能寫美食的人未必能做美食。對於蘇東坡的真實手藝，宋人葉夢得略有論述：「蘇子瞻在黃州作蜜酒，不甚佳，飲者輒暴下，蜜水腐敗者爾，嘗一試之，後不復作。在惠州作桂酒，嘗問其二子邁、過，云亦一試之而止，大抵氣味似屠蘇酒，二子語及，亦自拊掌大笑。」（《避暑錄話》卷上）說的是蘇東坡在黃州發明過蜜酒，試圖用蜂蜜釀出美酒來，結果失敗了，所釀的「美酒」讓人一喝就拉肚子；後來在惠州又發明桂酒，試圖在酒中摻入桂子，結果也失敗了，他的兒子蘇邁和蘇過品嘗過之後都說很難喝，跟藥湯似的。

據蘇東坡自己說，他擅長做魚羹，而且他做的魚羹還得到多人讚賞：「予在東坡，嘗親執槍匕，煮魚羹以設客，客未嘗不稱善，意窮約中易為口腹耳！今出守錢塘，厭水陸之品，今日偶于仲夫貺、王元直、秦少章會食，複作此味，客皆云此羹超然有高韻，非世俗庖人所能仿佛。」（《東坡志林》卷九《書煮魚羹》）早年流放黃州，曾經為客人燉魚湯，客人嘗了都說好。後來到杭州當市長，大魚大肉吃膩了，跟幾個朋友小聚，心血來潮，再一次親自下廚，又照老樣子燉了一鍋魚湯，朋友們都誇老蘇手藝一流，魚湯燉得非同凡響，飯店裡的廚師學不來。

我們剛才在前面推測過，說蘇東坡可能不愛吃魚。既然不愛吃魚，他怎麼能擅長做魚羹呢？其實很簡單，豬肉在宋朝很便宜，魚比豬肉更便宜，蘇東坡窮到買不起豬肉的時候，只好買魚來解饞，做魚做得多了，自然就把手藝練出來了。

最後說說蘇東坡究竟是怎麼燉魚湯的：

「其法以鮮鯽魚或鯉治斫，冷水下，入鹽如常法，以菘菜心芼之，仍入渾蔥白數莖，不得攪。半熟，入生薑、蘿蔔汁及酒各少許，三物相等，調勻乃下。臨熟，入橘皮線，乃食之。」（《蘇軾文集》卷三十四《煮魚法》）

鮮活的鯽魚或鯉魚來一條，刮鱗摳腮，摘淨內臟，魚腹去黑膜，魚背抽白筋，不醃不炸，冷水下鍋，鍋裡放鹽，加入半棵菜心、幾根蔥白，蓋上鍋蓋開始燉煮，不要用勺子翻動，以免魚肉散開、魚身走形。煮到半熟，再放入三樣配料：薑汁、蘿蔔汁、料酒。這三樣配料按照同樣的數量備好，放在一個碗裡調勻，然後再倒入魚湯裡同燉。快要出鍋的時候，再將陳皮切絲，撒幾根在鍋裡，就可以停火品嘗了。

我依葫蘆畫瓢，照蘇東坡的做法做了兩次試驗，一次是燉鯉魚，一次是燉鯽魚。坦白說，只要火候到家，燉出來的湯色挺正的，潔白濃稠如牛奶；湯味呢，勉強說得過去，略微能嘗到魚的鮮甜；所不能原諒的是魚肉，一夾就散，入口極淡，還有一股土腥氣。

我覺得吧，如果將來哪家館子想在東坡肉之外再開發一道「東坡魚」或者「東坡魚羹」

的話，肯定會對蘇東坡的烹調方法加以改良，燉魚之前即使不想掛粉炸黃，至少也要用鹽和麻椒醃一醃嘛！

肥肉比瘦肉貴

進入正題之前，請允許我先跟大家講一段鬼故事。

說是北宋末年，浙江嘉興有一個錄事參軍，名叫洪皓。

洪皓是個清官，人品正直，不貪不占，從來不徇私枉法，從來沒有做過一件虧心事。俗話說，不做虧心事，不怕鬼敲門，可奇怪的是，洪皓家裡卻經常鬧鬼。

有一天夜裡，洪皓的僕人在院子裡收拾東西，正收拾著，突然把東西一扔，連滾帶爬跑進屋裡。洪皓問他怎麼回事兒，他說：「外面有個鬼！」

洪皓是儒家門生，一向信奉「子不語怪力亂神」的宗旨，聽僕人說有鬼，他根本不信，以為那個僕人眼花了。

又過了一天，洪皓的小兒子正端著飯碗吃飯，吃著吃著不對勁了，飯碗哐啷一聲掉在地上。再看那小兒子，兩眼翻白，指著門外說：「水，水，水！」洪皓出去一看，外面根

肥肉

本沒有水，他開始懷疑家裡確實有個鬼怪在搗亂。

第三天，洪皓加班處理案子，回去得有些晚，深夜才到家。他的小老婆跑過來給他換衣服，剛把洪皓官袍脫掉，小老婆撲通一聲倒在地上，四肢抽搐，渾身發抖，就跟犯了癲癇一樣。

洪皓又驚又怒，決心把事情弄個水落石出，他抽出官袍外面的腰帶，把小老婆牢牢捆住，然後喝問道：「你到底是人是鬼！」

只聽他的小老婆用低沉的男聲悠悠地說：

「我……是……鬼……。」

「人有人道，鬼有鬼道，你既然是鬼，幹嘛不去閻王那裡等著投胎，跑我家搗什麼亂！」

那個鬼回答道：「我是嘉興的農民，您在嘉興做官，應該還記得前年我們這裡淹過水吧？那場大水過後，老百姓沒飯吃，等到官府賑災的時候，有些人已經餓死了，成了餓死鬼，我就是其中的一個。閻王不收留餓死鬼，所以我們只好回到陽間做孤魂野鬼了。」

洪皓接著問：「那你幹嘛到我家來作祟？」

鬼說：「您是官嘛！官的小日子比平常人過得好，家裡肯定有很多好吃的，我在這裡能偷些食物吃。」

洪皓明白了：「怪不得前天我兒子吃飯的時候會扔掉飯碗，原來是你在跟他搶飯吃啊！好了，以後只要你別再搗蛋，我會讓家裡人專門給你準備飯菜的。」

那個鬼趴到地上連連磕頭：「謝謝洪大老爺！不過請您告訴家人，以後盡可能多給我來點兒肥肉，例如肥豬肥鵝什麼的，千萬不要再燉雞肉了，瘦雞沒有肥鵝好吃。」

洪皓答應了他，於是那個鬼就離開了他小老婆的身體，從此再也不作祟了。

這個故事出自南宋最厚重的志怪體小說集《夷堅志》。我們知道，《夷堅志》的作者名叫洪邁，洪邁的爸爸就是洪皓，也就是剛才故事裡那位審鬼的錄事參軍。換句話說，洪邁寫的這段鬼故事其實就發生在他們自己家。

世界上當然沒有鬼，現在沒有，宋朝也沒有，無論洪邁把鬼故事講得多麼逼真，都不可能是真事。不過洪邁的講述反映了宋朝的社會習俗，反映了宋朝人的飲食習慣。宋朝人有什麼飲食習慣？他們就跟剛才故事裡那個餓死鬼一樣，喜歡吃肥肉，不喜歡吃瘦肉。

北宋初年，吳越國王錢俶歸順大宋皇帝趙匡胤，趙匡胤派御廚給錢俶準備盛宴，指定要用最好的食材，於是御廚宰了一隻「肥羊」。（參見蔡絛《鐵圍山叢談》）宋朝疆域狹小，缺少適合牧羊的區域，上至宮廷，下至平民，所需羊肉和羊毛主要來自進口，所以羊肉比較稀缺，也比較珍貴，所以大宋御廚用羊肉來招待吳越國王是很合適的。但為什麼要用肥羊而不用瘦羊？就是因為在宋朝人心目中，肥肉要比瘦肉貴重得多。

寫於元末明初的名著《水滸傳》裡也經常提到，那些生活在宋朝的梁山好漢喜歡肥肉勝過喜歡瘦肉。例如九紋龍史進給少華山上的三個寨主送禮物，「揀肥羊煮了三個」。說明他們愛吃羊肉，尤其愛吃肥羊肉。阮氏三雄請智多星吳用吃飯，來到一家小酒館，問店小二有什麼下酒菜，店小二說：「新宰得一頭黃牛，花糕也相似好肥肉。」阮小二一聽有肥肉，立馬興奮起來，吩咐夥計：「大塊切十斤來！」說明他們哥幾個也是愛吃肥肉的。

宋朝人喜歡肥肉，明朝人和清朝人也喜歡。元末明初有一本教外國人學漢語的教科書叫《樸通事》，書裡有一段士大夫聚餐的場景：「眾兄弟們商量了，我們三十個人，各出一百個銅錢，共通三千個銅錢，夠使用了。著張三買羊去，買二十個好肥羊，休買母的，都要羯[11]的。又買一只好肥牛。」

請注意，他們計畫要買的「好肥牛」「好肥羊」，都是肥肉。

11　羯羊：已閹割的公羊。

還有寫於清朝的著名諷刺小說《儒林外史》，該書只要寫到某人請客，只要宴席比較豐盛，一定少不了肥肉。例如《儒林外史》第十八回胡三公子請客，「當下走到街上，先到一個鴨子店，三公子恐怕鴨子不肥，挖下耳挖戳戳，脯子上肉厚，方才叫景蘭江講價錢買了」。瞧見沒？買鴨只買肥鴨，不夠肥就不買，膘不厚也不買。該書第十九回潘三請客，「飯店裡見是潘三爺，屁滾尿流，鴨和肉都揀上好的極肥的切來」。說明只有「極肥的」才是「上好的」，只有用最肥的肉待客，才顯得隆重，顯得好客，顯得上檔次。

如果大家覺得小說不足以說明問題，OK，咱還可以翻翻清宮檔案，看看皇帝和皇太后的菜單。

咸豐十一年（一八六一）臘月三十，御廚給剛登基沒幾個月的小皇帝同治備辦御膳，膳單裡包括四樣「萬年如意大碗菜」：燕窩萬字金銀肥鴨、燕窩年字金銀肥雞、燕窩如字鍋燒肥鴨、燕窩意字什錦肥雞。四道大菜組成「萬年如意」四個字，沒有一道離得開肥肉。

咸豐十一年十月初十，清朝歷史上最得意的皇太后慈禧（慈禧本是咸豐的貴妃，但咸豐十一年咸豐皇帝已經去世，故此慈禧升格為皇太后）吃早點，膳單裡赫然寫著一道「燕窩肥鴨絲」。

也許同治和慈禧並不一定愛吃肥肉，但是御廚給他們供奉的膳食以肥肉為主，正說明古人習慣上認為肥肉比瘦肉要貴重，適合讓尊貴的人享用。

從春秋戰國就開始編寫、一直到西漢才定型的儒家典籍《禮記》是這樣記載待客之道的：「冬右腴，夏右鰭。」意思是說，在冬天裡，魚肚子那個地方肥肉最多，到了夏天，魚脊背那個地方肥肉最多，所以冬天端魚上桌的時候，要把魚肚朝向客人，夏天端魚上桌的時候，要把魚背朝向客人，這樣才能讓客人吃到最肥的部位。

宋朝人待客也是這樣。貴客上門，主人擺上酒菜，「常恐其不肥」（朱熹語），唯恐桌子上的肉不夠肥，惹得客人不高興。宋朝人做了官，或者發了財，過上了好日子，喜歡用四個字來形容：「坐享肥濃。」（《事林廣記》卷八《富貴不可驕人》）「肥」是指肥肉，「濃」是指濃湯，只有吃上了肥肉、喝上了濃湯，才代表生活水準提高了。

把古人熱愛肥肉的飲食習慣搬到今天，肯定不會被大家接受。我們知道，跟肥肉相比，大多數現代人更喜歡瘦肉。我吃過北京全聚德總店的烤鴨，以前的鴨子那叫一個肥，吃一片滿嘴流油，現在的鴨子配料沒變，口感卻柴得要命，因為時代變了，大多數顧客都講究養生，講究減肥，肥鴨已經被大家掃進歷史的垃圾堆了。除了鴨肉，雞肉、豬肉、羊肉、牛肉莫不如是，只要是肥肉，一定比瘦肉便宜，比瘦肉等級低。不信您去任何一家超市的鮮肉櫃檯上看看價格，精瘦的里脊一定比肥厚的五花貴出兩三倍甚至更多。

古人未必不講究養生，但是在古代，大多數老百姓連溫飽都不能保證，遑論減肥。從口味上講，肥肉比瘦肉更解饞。從熱量上講，吃一斤肥肉要比吃一斤瘦肉更耐餓。所以大多數古人喜歡肥肉，並把餐桌上的肥肉當成好客的象徵，當成過上好日子的象徵。

多吃肥肉容易有啤酒肚，頗為現代女生所不喜，好在宋朝人的審美跟今天不一樣。我看過不少宋朝人物畫，例如《中興四將圖》、《田畯醉歸圖》、《西園雅集圖》……，畫中男子無論貴賤，一律有著大大的啤酒肚，特別是《中興四將圖》裡的岳飛，肚子大得跟懷孕八個月似的。興許在那個以填飽肚子為主要訴求的落後時代，成年男子肚子越大，就越顯得威武雄壯吧。

動物油稱王的歲月

華人喜歡炒菜，炒菜必須用油，這油通常是大豆油、花生油、菜籽油、芝麻油、玉米油、橄欖油、調和油……，總之都是植物油，很少會用到動物油。不像歐美人，日常烹飪總是離不開牛油和奶油。

當然，我們偶爾也用用動物油。比方說做廣式月餅，得加少量豬油，不然月餅不酥。再比如說街頭小販烤羊肉串，必須要用羊油。把羊油刷到羊肉上，烤起來安全，色不會焦，肉不會柴。炭火一炙，肉丁膨大起來，香飄十里，誘人品嘗，那都是羊油的功勞。

網油捲

順便說一句，現在至少有一半烤串不是用羊肉做的，而是用鴨肉做的。鴨肉切丁，用嫩肉粉和羊肉精泡一夜，隔天串起來，再用羊油一刷，肉質像羊肉，味道也像羊肉，騙人騙得很成功。江湖上傳言：不良小販用羊尿浸泡鴨肉，以此矇騙顧客。其實沒有這回事。第一，搜集羊尿是需要大量時間和超強耐心的，假如上市銷售，售價必定很高；第二，用羊尿浸泡出來的鴨肉並沒有羊肉味，大家要是不信，不妨親自做個實驗。

做烤串用羊油，做月餅用豬油，小館子裡做包子和蒸餃通常也會用到這兩樣。在我老家縣城吃飯，豬肉包子裡沒有豬肉，只有豬油；羊肉餃子裡沒有羊肉，只有羊油。這跟黑心小販用鴨肉冒充羊肉一樣，都是為了降低成本，而不是為了滿足顧客的需要。眾所周知，現在的顧客不需要攝入動物油，也不喜歡攝入動物油。為什麼？嫌動物油太膩，同時也不想增加過量的膽固醇，以免血壓升高，體型肥胖，糖尿病、心臟病、脂肪肝、腦血栓紛至沓來。

有意思的是，現代中國人厭棄動物油，古代中國人卻把動物油當成寶貝。

早在周朝，周天子的膳單上有三樣美食。哪三樣？淳母、淳熬、肝是也。「淳母」是蓋澆米飯，「淳熬」是蓋澆高粱飯，均用肉汁做澆頭，完了都要再澆一勺熬好的動物油。「肝」是用狗肝做的，把狗肝放到狗油裡煎熟。煎狗肝的時候，周天子擔心狗肝表層過老、內層不熟，簡言之，他怕狗肝夾生，所以又在狗肝外面包上一層狗網油[12]。狗網油是什麼東西？就是狗大腸外面包裹的那層網狀油膜，其主要成分自然是脂肪啦！

吃蓋澆飯，澆動物油；吃狗肝，用動物油煎。如此吃法，周天子難道就不怕發胖嗎？不怕。為什麼不怕？原因有三：第一，淳母、淳熬和肝都是稀缺美食（它們是周朝「八珍」裡的三珍），即便貴為天子，也不可能天天都吃；第二，上古之人普遍缺乏營養，當時養生觀念裡並沒有減肥這一項；第三，那時候只有動物油，沒有植物油，只要是煎炸食物，想不用動物油都不行。

植物油進入中國的時代是很晚的。

芝麻油很好吃吧？可是從商周時期到春秋戰國根本就沒有芝麻油，因為芝麻是外來作物，要到西元前二世紀才從中亞引進來。

菜籽油也很好吃吧？比芝麻來中國的時間還要晚，中國人在西元二世紀學會種植油菜，然後到西元三世紀才開始用油菜籽壓榨菜籽油。

大豆油更晚，按《齊民要術》的記載，南北朝時期剛剛發現大豆含有油脂，但並沒有出現相應的壓榨工藝（壓榨豆油比壓榨芝麻油難得多），中國人廣泛食用大豆油是在元朝以後。

花生油就更晚了。十六世紀初，閩粵僑商從印尼馬魯古群島引進花生，最初的一百多年只在福建、廣東、浙江等地栽種，到了十八世紀才傳到北方，我們河南老家種植花生則要等到十九世紀以後。您想想，連花生都沒有，何談花生油！就在一百年前，清末大臣鄭觀應還沒有吃過花生油，他說：「洋落花生近年始入中國，加以洋字，以其來自西洋也。其顆粒甚肥大，其打油略少，故不宜榨油，荒年或煮食之。」這說明花生油在他那個時代相當稀缺。

此外還有棉籽油。從現有文獻來看，棉花雖然在南宋就已經普遍種植，但宋朝文人沒有提到過棉籽油，更沒有提及棉籽油的壓榨工藝，相關記載直到明朝典籍《天工開物》裡才出現。推想起來，棉籽油走進中國廚房的時間應該不會早於明朝。

戰國以前，中國沒有植物油，只能用動物油烹飪食物。戰國以後，植物油橫空出世，

12　圍繞動物器官內部的薄膜。

但主要是芝麻油，芝麻油太貴，普通老百姓吃不起，仍然吃動物油。動物油有優點，也有缺點，它的優點是很香，很有營養，缺點是不耐高溫，油溫一高，容易糊底，炒出菜來，顏色發黑，散發出刺鼻的焦肉味。另外從營養學上看，一旦動物油的油溫超過兩百度，就會產生大量的過氧化物，熬焦的油渣還會產生焦油和二甲亞硝胺等致癌物質。所以上古和中古時期並不流行炒菜，最多是煎一下，直到宋朝，芝麻油和菜籽油的壓榨技術突飛猛進，植物油便宜了，老百姓消費得起了，炒菜和油炸食品才迅速登上廣大人民的餐桌。

宋朝以前，植物油要麼沒有，要麼昂貴，只能讓動物油稱王稱霸；宋朝以後，植物油普及了，可是動物油仍然稱王稱霸。怎麼個稱王稱霸法？容我慢慢道來。

首先是在觀念上稱王稱霸：人們普遍認為動物油比植物油更有營養，能經常吃動物油的家庭才算得上小康之家。

大家還記得《儒林外史》中「范進中舉」那一章吧，范進的岳父是殺豬的，平日不缺油水，吃得肥頭大耳，他去范進家做客，嫌范家太窮，對范進的母親說：「老人家每日小菜飯，不知道豬油可曾吃過幾回哩！」意思是說親家母沒福，天天都是素菜素飯，清湯寡水的，一年到頭也吃不上幾回動物油。

北宋洛陽老百姓過春節，貴客上門吃飯，必定要往人家菜碗裡夾一小塊凍豬油。同時期的契丹人就更明顯了：大戶人家招待賓客，先端一碗奶茶給客人解渴，奶茶上一定再澆一勺豬油進去。為什麼非放點兒豬油呢？因為能吃上豬油才是溫飽生活的標誌，才是幸福生活的象徵。

關於這一點，單看漢語裡的老詞彙也能看出來。過去說一個人占公家的便宜，叫「損公肥私」，說一個人吃珍饈美味，叫「烹鮮割肥」，幾個人分贓叫「分肥」，南宋理學家朱熹待客，「常恐其不肥」。「肥」是肥肉，是肥油，在古人心目中，肥肉和肥油才是好的，瘦肉和植物油就等而下之了。

其次是在口感上稱王稱霸：至少根據古代老百姓的口味，動物油要比植物油更受歡迎。清朝美食家袁枚說：「俗廚制菜，動輒熬豬油一鍋，臨上菜時，勺取而分澆之，以為肥膩。而俗人不知，長吞大嚼，以為得油水入腹。」意思是普通廚師炒菜喜歡多放豬油，普通食客吃飯也喜歡多吃豬油，袁枚不喜歡這一點。

豈止袁枚不喜歡豬油，我們大多數現代人也不喜歡豬油，且不說多吃豬油會造成營養過剩，每道菜裡都放一勺豬油也會遮住本味、影響口感、破壞品相，絕對不符合美食的標準。但問題是過去老百姓連肚皮都填不飽，擔心的根本就不是營養過剩，而是營養缺乏。窮人吃飯，缺油少鹽，喉嚨裡有一千隻小手往外伸，恨不得一口吞下十斤肥豬肉，恰恰需要一大勺又香又耐饑的動物油才能真正滿足口腹之欲。可惜這個道理不容易親身體會，只有真正挨過餓的窮漢才會明白。

竊以為，沒有流過淚的人不足以談人生，沒有挨過餓的人也不配談豬油，袁枚以長袖善舞著稱，善用精巧的馬屁結交各路諸侯，錢多得花不完，沒有挨過餓，所以他不配談豬油，更不配諷刺吃豬油的人。

最後，動物油還曾經在價格上稱王稱霸。

一九〇二年春天，北京市面上花生油十三元一擔，芝麻油十六元一擔，豬油十八元一擔，豬油比香油都貴。（孟天培、甘博《二十五年來北京之物價及生活程度》）

一九一四年春天，北京市面上花生油十九元一擔，芝麻油二十四元一擔，豬油二十五元一擔，豬油售價仍然超過香油。（同上）

一九二五年農曆臘月二十四，北大教授吳虞在成都老家辦年貨，豬肉每斤八百七十文，豬油每斤一千一百六十文，菜籽油每斤三百二十文，豬油的價格超過豬肉，並且是菜油價格的好幾倍。（《吳虞日記》下冊）

一九四二年，也就是河南大規模餓死人那一年，物價暴漲，菜油每斤一百二十元，豬油更貴，每斤四百〇五元，能在雜麵餅上抹一小塊動物油，那是所有逃荒者做夢都夢不到的事情。（《晉冀魯豫根據地財經史料選編（河南部分）》第三冊）

李逵和牛羊肉

《水滸傳》第三十八回，宋江、戴宗和李逵三個人在江州琵琶亭喝酒吃魚，宋江看見李逵一連吃了三碗魚，連魚刺都撈出來吃光了，知道他有點餓，對酒保說：「我這大哥想是肚饑，你可去大塊肉切二斤來與他吃，少刻一發算錢還你。」酒保說：「小人這裡只賣羊肉，卻沒牛肉，要肥羊盡有。」李逵聽了這話，端起喝剩的魚湯劈頭潑過去，潑了酒保一臉。戴宗呵斥李逵：「你又做什麼！」李逵說：「叵耐這廝無禮，欺負我只吃牛肉，不賣羊肉與我吃！」

現代讀者看了這段多半不解：酒保無非就說了一句我們這兒只賣羊肉不賣牛肉，李逵怎麼就發那麼大火呢？他還說酒保欺負他只吃牛肉，難道別人說他只吃牛肉就等於欺負他嗎？

要想弄清楚這個問題，我們首先得搞明白牛肉和羊肉有什麼不同。

牛肉是牛身上的肉，羊肉是羊身上的肉，牛肉跟羊肉當然有區別，但是我要說的區別跟物種沒有關係，只跟這兩種肉的地位有關係。

現在羊肉很貴，牛肉也很貴，一斤最貴都可以賣到新臺幣六百多塊錢，比豬肉和雞肉貴得多。在宋朝（包括後來的明朝）則是另外一種情形：羊肉依然很貴，牛肉卻很便宜，甚至比豬肉和雞肉還要便宜。

在宋朝，一斤羊肉至少要賣幾百文，貴的時候將近千文（《夷堅丁志》卷十七《三鴉鎮》：「吳中羊價絕高，肉一斤，為錢九百。」）。豬肉一斤大約賣兩三百文左右，而牛肉呢？最貴的時候才兩百文一斤，便宜的時候只賣二十文一斤。（參見《宋會要輯稿》刑法二之五十二）

常言說，物以稀為貴。反過來講也成立：物以貴為稀。不管在什麼時代，上流社會都是只買最貴的，不買最好的，而普通老百姓只能買最便宜的東西，不管它是好是壞。既然在宋朝羊肉最貴，牛肉最賤，所以羊肉也就成了上流社會的心頭好，而牛肉則成了上不了檯面的東西，只配讓吃不起羊肉的人來享用。在這樣的消費環境中，自尊心很強但是錢包不鼓的黑旋風李逵聽酒保說他們只賣羊肉不賣牛肉，當然以為人家瞧不起他，以為人家把他看成了捨不得花高價吃羊肉的小癟三，他當然要大發雷霆了。

憑李逵腰包裡那點錢，他真的吃不起羊肉，嘴饞的時候只能買二斤牛肉打打牙祭。不信您仔細看看《水滸傳》，李逵也就在江州琵琶亭吃了一頓羊肉，而且最後還是宋江買的單。包括梁山好漢裡面小門小戶出身的其他英雄好漢，例如阮氏三雄和拼命三郎石秀等人，平常吃肉也是牛肉占大多數，敢於宰羊待客的只有柴進那樣的富二代以及晁蓋那樣的大地主（有學者認為梁山好漢常吃牛肉是因為朝廷禁止吃牛肉，以此表明他們的反抗精神，這種見解完全是出於想當然，下文會講到宋朝對牛肉的禁令形同虛設，根本無須反抗）。

為什麼宋朝的羊肉很貴，牛肉卻很便宜？這跟宋朝的疆域有關，跟宋朝的軍事政策有關，也跟宋朝的社會習俗有關。

先說宋朝的疆域。

我們知道，北宋的統治區域不包括甘肅、寧夏和內蒙古，而這些地方恰好都是牧區，是羊的主要產地。到了南宋，地盤就更小了，淮河以北哧一下的變成了金國，如果說北宋的河北和陝西還有養羊基地的話，到了南宋，全部國土上已經沒有一塊地方適合大規模養羊了。

再說宋朝的軍事政策。

我們知道，跟漢朝和唐朝相比，宋朝的軍事力量並不強大，老是受其他國家的欺負。那時候以冷兵器為主，打仗主要靠兩樣東西，一是鐵，二是馬。宋朝不缺鐵礦，但是卻缺戰馬。為了保證戰馬的供應，宋朝政府給相當一部分老百姓下達了養馬指標，家裡如果有一百畝地，至少得給政府養一匹馬，養肥了，上繳政府，養瘦了，要受處罰。（參見《宋史》卷一百九十八《兵十二・馬政》）你瞧，本來老百姓還能趁農忙割點兒草養幾隻羊，由於政府要求大家養馬，也就不可能再有剩餘的精力來養羊了。即使有那個精力，也沒有足夠的草料。

可以這樣說，宋朝狹小的疆域和它強迫老百姓養馬的軍事政策正是大宋缺羊的兩大主要原因。

宋朝缺羊能缺到什麼地步呢？蘇東坡有過切身體會。老蘇被貶到惠州，發現惠州堂堂一個地級市，市集上每天宰殺出售的只有一隻羊。全市那麼多人，一隻羊怎麼夠吃？所以只能讓當官的去買，普通市民根本不敢問津。蘇東坡是個饞蟲，愛吃羊肉，他身為犯罪官員，又輪不到他買，他只能買最後剩下的羊骨頭。（參見《仇池筆記》卷上《眾狗不悅》）

羊肉緊缺到這個地步，價錢自然抬上去，收入低的家庭自然不捨得買，像李逵那樣渾身上下洋溢著窮酸味的傢伙自然會被酒保認為吃不起羊肉了。

有些朋友會說：羊吃草，牛也吃草，宋朝的疆域和軍事政策使它不適合大規模養羊，難道就適合大規模養牛嗎？

這個問題問得非常好。

宋朝農民養羊的積極性不高，養牛的積極性卻非常高。因為跟羊相比，牛更適合圈養，更容易飼養，不需要大片的草原放牧，一圍小小的牛欄，一堆沒用的秸稈，就能讓一頭牛活下來；更重要的原因是，羊並非生產資料，牛卻是非常重要的生產資料，那時候沒有大型農業機械，種莊稼主要靠牛，離開牛簡直沒法種田，為了把地種好，大家願意下力氣去養牛。

老百姓願意養牛，不願意養羊（更準確地說是缺乏養羊的資源），所以牛在宋朝並不短缺，因此牛肉會比羊肉便宜得多。但這並不是宋朝牛肉價格低廉的關鍵原因。

宋朝牛肉之所以便宜，主要是因為朝廷禁止宰牛。朝廷為什麼禁止宰牛？因為牛是生產資料，是農業勞動不可缺少的生產工具，為了保護農業，官府理所當然要保護耕牛。

我們可以看看宋朝皇帝頒發的一些宰牛禁令：

宋太宗淳化二年，首都開封有人宰牛賣肉，宋太宗「令開封府嚴戒飭捕之，犯者斬」（《宋會要輯稿》刑法二之四），再逮住宰牛的人，可以判死刑。

宋真宗咸平二年（九九九），「詔牛羊司畜孳乳者並放牧之，無得宰殺」（《宋會要輯稿》刑法二之七）。牛羊司是朝廷直管的一個事業單位，專門負責從國外進口牛羊並進行飼養，養肥以後一部分供應宮廷，剩下的拿到市場上出售。宋真宗特別規定，連這樣的機構都不能隨意宰牛，要把小牛和正在哺乳期的母牛保護起來。

咸平九年（一〇〇六）八月，宋真宗再次下詔：「藪牧之畜，農耕所資，盜殺之禁素嚴，阜蕃之期是望。或羅宰割，深可憫傷。自今屠耕牛及盜殺牛罪不致死者，並系獄以聞，當從重斷。」（《宋會要輯稿》刑法二之十三）無論是屠宰耕牛還是不經過官府批准就私自屠宰病牛的，都犯了重罪，要從重判處。

宋仁宗天聖七年（一〇二九），「今後僻靜無鄰舍居止宰殺牛馬，許人告捉給賞。」

（《宋會要輯稿》刑法二之二〇）在僻街小巷宰牛不容易被官府發現，所以要發動人民踴躍檢舉揭發，揭發屬實，要予以獎勵。

南宋時期也是這樣，宋高宗、宋孝宗、宋理宗……，這些皇帝屢次頒佈禁令，禁止民間宰殺耕牛。在宋高宗時期尤其嚴厲，不但禁止肉販賣牛肉，還禁止老百姓買牛肉，「知情買肉人，並徒二年，配千里」（《宋會要輯稿》刑法二之一百四）。明明知道是牛肉，你還敢買，判你兩年徒刑，刺配到一千里以外。

照理說，不管什麼商品，都應該是越禁越貴，為什麼宋朝官府禁止宰牛，牛肉反倒很便宜呢？因為這些禁令只是偶爾起作用，並沒有派上大用場，政府一邊禁止，民間一邊宰殺，上有政策，下有對策，絲毫沒有影響到牛肉在市場上的供應。聽聽南宋著名的士大夫胡穎是怎麼說的：「自界首以至近境，店肆之間，公然鬻賣，而城市之中亦復滔滔皆是。小人之無忌憚，一至於此。」（《名公書判清明集》卷十四《宰牛當盡法施行》）老百姓根本就不害怕那些禁令，該怎麼宰牛就怎麼宰牛，該怎麼買牛肉就怎麼買牛肉。

宋朝茶館裡常講的一個話本叫作《鄭節使立功神臂弓》，話本開頭是東京汴梁幾個生意人在花園裡喝酒，一個小販拎著籃子走過來，切了一大盤牛肉，給他們送到酒桌上，他們照吃不誤，並不忌諱那是違禁食品。

上述解釋有理有據，也有史實，但是我猜讀者朋友並不完全認同。持異議的朋友應該會有兩條意見：

第一，羊肉昂貴，這沒錯，但牛肉也不便宜，怎麼成了專供窮人消費的低級食材呢？

第二，《水滸傳》成書於元末明初或者明朝前期，寫的並非宋朝習俗，不能用宋朝物價來解釋《水滸傳》裡的情節，也不能用《水滸傳》裡的情節來印證宋朝習俗。

事實上，牛肉在歷史上確實很便宜，不僅比羊肉便宜得多，也比豬肉便宜得多，不僅在宋朝是窮人的專享，到了元朝和明朝仍然是窮人的福利。

元末明初有一個名叫孔齊的人，跟《水滸傳》的作者施耐庵生活在同一個時代。孔齊出身官宦家庭，父親是官，他自己也是官，只是到了晚年，才由於戰亂而陷入貧困。據孔齊回憶：「先妣喜啖山獐及鯽魚、斑鳩、燒豬肋骨，餘不多食，平生唯忌牛肉，遺命子孫勿食。」

他媽在世時喜歡吃獐肉、鯽魚、斑鳩以及烤豬排，就是不吃牛肉，一輩子都不吃，臨死前還交代兒孫不要吃。孔齊自己認為：「唯羊、豬、鵝、鴨可食，餘皆不可食。」世間肉類當中，只有羊肉、豬肉、鵝肉、鴨肉可以吃，別的都不可以，包括牛肉。不過孔齊也吃過牛肉，那是元朝末年戰亂以後的事：「因豬肉價高，牛肉價平，予因禱而食之。」豬肉很貴，牛肉很便宜，此時孔齊已經吃不起豬肉，只好拿牛肉解饞，又唯恐母親亡靈怪罪，一邊吃牛肉，一邊默默地跟母親解釋：媽，對不起，不是兒子不孝，實在是買不起別的肉了，只好破一破例。

明朝縣令沈榜記載過北京宛平的肉價，豬肉每斤賣二錢銀子，羊肉每斤賣一錢五分銀子，牛肉每斤賣一錢銀子。

美國經濟學家甘博統計過清朝末年的北京肉價，按一百斤批發價計算，豬肉賣到十四塊（銀元），羊肉賣到九塊半，牛肉只賣七塊，是豬肉價格的一半。

行文至此，相信大家已經可以認識到這樣一點了：在漫長的歷史長河中，牛肉相對豬羊肉而言一向是比較便宜的，只有到了最近小半個世紀才後來居上。

牛肉之所以便宜，一是因為它的脂肪含量低，能提供的熱量不如豬肉，沒有豬肉吃起來解饞（因為這個緣故，在中國歷史上，肥肉一直比瘦肉更受歡迎。甚至到了一九六一年，四川作家李劼人給同學寄肥肉一塊，同學非常開心地回信道：「見其膘甚厚，不禁雀躍，未吃如此肥肉已久故也。」）；二是因為儒家文化重視農耕，歷代朝廷都將牛當作非常重要的生產工具來看待，士大夫階層也將食用牛肉視為道德敗壞的表徵之一，上流社會對牛肉沒有需求。

帶皮羊肉

宋太宗在位時，跟遼國關係不好，經常打仗。宋朝這邊不是對手，打一回敗一回，宋太宗不服，親自出征，結果連他自己都挨了一箭，坐著驢車逃跑了。

宋真宗即位，接著打。這回好，先敗後勝，宋軍使出威力無比的床子弩，一弩把遼軍統帥蕭撻覽釘在了地上。遼軍士氣大挫，只好跟宋朝簽停戰協議。這就是我們小時候歷史課上學過的「澶淵之盟」。

自從澶淵之盟簽訂以後，宋遼之間就互派使臣，明面上好得跟親兄弟一樣，但是在餐桌上，卻一直唇槍舌劍，嘴仗不斷。

有一年，遼國皇帝過生日，宋真宗派一個名叫滕涉的大臣去祝壽。在壽宴上，遼國大臣指著席上的羊肉問道：「我們大遼廚師的手藝怎麼樣？」滕涉很有禮貌，連聲誇獎。遼國大臣不滿足，又說了一句：「去年你們大宋皇帝過生日，我也去祝壽了，你們廚師做的那叫什麼玩意兒，燉羊肉怎麼不去皮啊？」滕涉一聽就明白了，這傢伙不光嘲笑大宋飲食文化，還嘲笑宋人太野蠻，連羊皮都吃啊！他可不示弱，當場還擊：「本朝出產絲蠶，故肉不去皮。」我們大宋盛產蠶絲，所以吃羊肉不去皮。

大家讀到這裡，可能會想：蠶絲跟羊肉有什麼關係？滕涉幹嘛要這樣說呢？

其實滕涉是這個意思：遼人吃羊肉之所以去皮，是因為遼國太落後，不懂得養蠶織布，必須用羊皮當衣服，要是把羊皮吃到肚子裡，就得光著屁股上街了；而宋朝則先進得多，有絲有麻有棉布，紡織技術非常發達，用不著拿羊皮做衣服，所以吃羊肉可以不去皮。

遼國大臣聽懂了這個意思，紅著臉不說話了。滕涉算是不辱使命，打贏了一場嘴仗。

事實上，宋朝人吃羊肉並非一直不去皮，只是偶爾不去皮罷了。

宋朝食譜中有一味「酒煎羊」，是將羊腿切大塊，焯去血水，煮到半熟，加八角燜煮，再用黃酒收汁。做這道菜時，羊腿不但去皮，還要剔掉大筋。

宋朝還有一味「燒羊」，據說宋仁宗很愛吃。宋太祖帶著宋太宗去趙普府上做家訪時也吃過，實際上就是現在的烤羊肉，也需要剝去羊皮，只留淨肉，邊烤邊刷油、撒佐料。

宋朝改革家王安石最愛吃一道名曰「羊頭簽」的肉食，它可不是用鐵籤子串起羊頭在火上烤哦，而是將羊頭煮熟，剔取羊臉上的精肉，切成細絲，用網油卷裹，裹上粉漿炸透，切成圓筒，狀如抽籤的籤筒，以此得名。很明顯，做羊頭簽也是要去皮的。

宋朝皇帝厚待大臣，宰相、副相每逢值班，翰林學士每逢草詔，小伙房照例要供應一鍋羊肉：連骨帶肉劈成大塊，加料燉得爛熟，聞著噴香，吃著帶勁，時稱「太官羊」。太官羊不去骨頭，皮還是要去的。

酒煎羊

倒是有兩種羊肉不去皮——拖皮羊飯和羊皮膾。這兩種食物不見於《玉食批》、《山家清供》、《浦江吳氏中饋錄》等大宋食譜，而是在新科進士期集的時候出現過。

「期集」就是聚會，新科進士期集就好比現在很流行的同學聚會。現在同學聚會時間很短，相聚最多一天，聚餐最多幾頓，完了各回各家，各找各媽。宋朝新科進士期集則不然，那叫一個曠日持久：從殿試結束開始，到皇帝親賜聞喜宴結束，這期間每天一小聚，每五天一大聚，每次聚會都要聚餐，往往聚上二三十天才算完。

幹嘛要聚這麼長時間呢？因為他們要把同學錄給印出來。宋朝每隔兩三年搞一次殿試，每次平均錄取三百多名進士，這三百多個人的姓名、名次、籍貫、相貌特徵、祖上三代都要編進同學錄，所以要花上幾天時間來仔細統計。統計完了還要謄寫，謄寫完了還要付梓，那時候又沒有電子排版系統，全靠工匠雕版。光刻版就得十天吧？刻完版還要印吧？印完還要裝訂吧？裝訂完還要分送給所有進士吧？於是花的時間就長了。

編印同學錄並不需要所有人都參加，按北宋慣例，三百多個進士當中只需要四五十名參加聚會就行了。這四五十個人當中必須包括狀元、榜眼、探花，剩下就靠大家自由報名了。不管是誰報名參加，都得捐一筆錢，就像現在有些同學聚會需要提前湊份子交會費一樣。

交上份子錢，狀元會給大家分工，讓張三做「箋表」，讓李四做「掌儀」，讓王二做「掌膳」，讓趙七做「掌酒果」……，光聽名字就知道，這些分工裡除了「箋表」跟編撰同學錄有關，其餘都是管聚餐的。換句話說，宋朝進士聚會時編同學錄只是一個理由，湊一塊兒大吃大喝才是真正目的。

在編同學錄的這個月裡，他們都吃些什麼呢？王安石的同年進士兼兒女親家吳充透露過一些資訊：「國朝進士期集，皆以刊《小錄》為名，凡所醵資，率為游燕也。日叨宴集，常設點心、果子二色。或五日一會食，則設拖皮羊飯、羊皮膾、酒果肴核等物。」《小錄》者，即同學錄是也。宋朝進士搞同學會，名義上是為了編撰同學錄，實際上是借機會組飯局。參加者每天一小宴，以點心和水果為主。每五天一大宴，除了水果還有酒，用拖皮羊飯和羊皮膾做下酒菜。

羊皮膾是用羊皮熬成皮凍，片成薄片，撒上佐料即可。拖皮羊飯的做法則不得而知，但是看名字就知道，這道菜即使不以羊皮為主，也必然要用到帶皮的羊肉。

宋朝沒有牧區，既缺馬，也缺羊，羊肉之貴遠超豬肉，上流社會對羊肉的喜愛程度也遠超豬肉。兩宋三百年，「御廚不登彘肉」。豬肉進不了御膳房，而每天宰殺的羊則多達幾十隻乃至二三百隻（《孔氏談苑》：「雷太簡判設案御廚，……先日宰羊二百八十，後只宰四十頭。」），足證羊肉在宋朝地位之高。蘇東坡的弟弟蘇轍做副相（尚書左丞），哲宗皇帝日賜一羊，蘇轍吃羊肉吃到發膩，而蘇東坡被流放到惠州，整座城市每天只有一隻羊出售，所有市民和大多數小官想買都買不到，饞得東坡只能啃羊骨頭打牙祭，這一事例也能反映出羊肉在宋朝通常是有錢或者有地位的人方能享受到的稀缺食材。

因為稀缺，所以吃起來就格外珍稀。宋朝兩京市面上能買到的以羊為名的熟食，絕大多數都是羊下水，例如羊腸、羊肚、羊肺、羊肚肱（胃部）、羊血、羊脬（膀胱）、羊奶房（乳房）之類。其中羊奶房竟然還能堂而皇之地進入御膳，如《玉食批》中就有「奶房簽」和「奶房旋鮓」。宋哲宗元祐六年，禮部官員奏說「每歲宴賞共合用羊乳房約四百五十餘斤，泛索不在其數」，皇家每年的正式宴席上要用掉四百五十斤羊乳房，皇帝與後妃們的非正餐還不在其內。大家可以想像一下，連羊乳房這種讓現代人毛骨悚然的部位都能入饌，羊皮怎麼能被排除在外呢？

不過宋朝人吃帶皮羊肉的關鍵原因恐怕還不是缺羊，而是因為廚藝先進，能把羊皮做成珍饈。遼國人就不行了，他們剛從茹毛飲血的時代走出來，只會燉羊肉，不會燉羊皮，所以吃羊肉必須去皮。

南宋學者周煇在金國待過一段時間，剛去的時候興奮異常，因為金國不缺羊，市面上出售的活羊動輒一百多斤重，又大又肥，還很便宜。他滿以為可以大快朵頤，過一過吃羊肉的癮，哪知道「驛頓早晚供羊甚腆，既苦生硬，且雜以蕪荑醬，臭不可近」，金國煮羊的手藝太差，所住賓館雖然天天有羊肉供應，卻乾硬難吃，腥臭難聞。

南宋大臣洪皓也在金國待過一段時間，女真貴族待以上賓之禮，擺了一桌全羊宴。他樂壞了，全羊宴嘛，當然是羊的各個部位齊上桌啦！一開席，他傻眼了，只有一大盆水煮羊肉和一整張剛剝下來的羊皮。他納悶，悄悄問服務生怎麼回事，服務生指著那盆羊肉和那張羊皮說：「此全羊也！」原來女真人的全羊宴就是一整只羊的肉和皮，其中羊皮還不能吃，只是拿來擺樣子的。

假如把這些羊送到大宋，羊下水一點不浪費，羊皮也不會只拿來當擺設，我猜宋朝的廚師會這麼料理：褪淨羊毛，帶皮切塊，焯去血水，羊皮朝下放熱油裡煎一煎，再用大鍋燜煮一個時辰。有那層羊皮護著，羊肉不會走油，吃起來又軟又彈牙，一點都不柴。

瓠羹

宋朝有一個很變態的吃貨，此人姓崔，名叫崔公立，因為做過「比部郎中」（相當於監察院審計部的部長），所以被人尊稱為「崔比部」。

崔比部的官銜不低，來頭更不小：他本人娶了老宰相韓琦的女兒，他的大兒子崔保孫又娶了范純仁的女兒。范純仁是誰？就是范仲淹的二兒子，後來一度做到宰相。也就是說，這個崔比部先後跟兩個宰相結了親。

他跟范純仁結親的時候，范純仁還沒有做官，兩家都在河南許昌買了房，比鄰而居，天天抬頭不見低頭見，混得很熟，兒女年齡又相差無幾，所以結成了親家。

結成親家以後，范純仁去首都開封參加官吏選拔考試（時稱「銓試」），臨走前囑咐崔公立：「我的老婆孩子沒人照管，麻煩親家幫我照顧他們。」崔公立拍著胸脯打保票說：「沒問題，您走您的，萬事有我。」

范純仁托親家照管老婆孩子，無非是請他代為保護，防止地痞無賴上門騷擾，哪知道這個崔公立將保護事項升級了，每天只要一起床，就操起一根桿麵棍來到范家門口，既不讓外頭的男人進去，也不讓裡頭的女人出來。他為什麼要這樣做呢？因為這人是個心理陰暗的道學家，在他心目中，男人去找女人就是想開房，女人去找男人就是想出軌，凡是沒有親戚關係的男女一律不適合見面，還沒出嫁的姑娘更加不應該出門半步，否則一定會跟人私奔。

范純仁離家整整三個月，崔公立在範家門口也守了整整三個月，這三個月當中，范家的女性沒有一個能夠走出自己家的家門，就像被軟禁了一樣。有一天，范純仁的弟弟范純禮病重，派人到范純仁家報信，意思是我快不行了，想跟親人見最後一面，你們快來看看我吧。范純仁的夫人一聽，趕緊收拾些禮品，去給小叔子探病，剛走到門口就被崔公立攔住了。只見崔公立惡狠狠地說：「而為婦人，夫出，獨安往？出者吾杖之！」（范公偁《過庭錄》，以下凡為注明出處者皆同此）你一女流之輩，丈夫不在家，你怎麼能出門呢？再敢往前走一步，我就用桿麵棍揍你！范夫人不敢跟他爭執，只得垂頭喪氣退了回去。

崔公立如此盡心竭力為親家「幫忙」，自覺勞苦功高，理應受到優待，所以他每天都留在范純仁家，讓親家母管飯。范家的廚師拿他當貴客看待，好吃好喝招待他，他卻毫不客氣，「食稍不精，必直言，略不自外」。伙食稍微不合他胃口，他就毫不客氣地擊碗罵廚師，一點也不拿自己當外人。由於他是這樣變態，以至於范家的丫鬟見了他就噁心，「家婢聞崔比部來，皆惡之」。

三個月以後，范純仁的夫人實在受不了，派僕人去請教坐在大門口的崔公立：「您總

瓠葉羹

嫌我們家的飯菜不好吃，請明確告知到底愛吃什麼，我們給您做。」崔公立說：「適口無如瓠羹。」（《畫繼》卷三）要講什麼東西最好吃啊，我覺得就數瓠羹了。於是范夫人就吩咐廚師做瓠羹給他享用。

OK，故事講到這裡，終於該進入正題了：崔公立所說的「瓠羹」究竟是什麼樣的美食呢？

查《東京夢華錄》，有四五處提到瓠羹。如第二卷《東角樓街巷》記載開封皇城東南角有「徐家瓠羹店」，第三卷《大內西右掖門街巷》記載皇城西側有「史家瓠羹」，同屬第三卷的《大內前州橋東街巷》記載州橋西側有「賈家瓠羹」，第六卷描述宋徽宗喜歡在過年的時候讓市井小販擁入皇城叫賣兜售各色小吃，其中最受他喜愛的小吃是「周待詔瓠羹」，買一份要花一百二十文。

北宋滅亡後，衣冠南渡，一部分開封難民喬遷杭州，將開封小吃也帶了過去。據早年在開封生活、後來定居於杭州遠郊的世家子弟袁絅回憶說：「舊京工伎固多奇妙，即烹煮盤案亦復擅名，如王樓梅花包子、曹婆肉餅、薛家羊飯、梅家鵝鴨、曹家從食、徐家瓠羹、鄭家油餅、王家乳酪、段家爊物、石逢巴子、南食之類，皆聲稱於時。若南遷湖上，魚羹宋五嫂、羊肉李七兒、奶房王家、血肚羹宋小巴之類，皆當行不數者。宋五嫂，余家蒼頭嫂也，每過湖上時，進肆慰談。」（《楓窗小牘》卷下）眾所周知，「宋五嫂魚羹」是南宋杭州最著名的小吃品牌，現在演變為杭州各大酒樓的經典菜式「宋嫂魚」，可是在袁絅筆下，這道小吃的發明者宋五嫂當初不過是他家老管家的嫂子，她的手藝離當年開封城裡的「曹家從食」、「徐家瓠羹」、「鄭家油餅」、「王家乳酪」差遠了。很明顯，在吃過見過的舊京世家子弟眼裡，宋嫂魚如果是名吃的話，瓠羹就更是名吃了。

僅從名稱上看，瓠羹毫無驚人之處：瓠為瓠子（又名瓠瓜），羹為羹湯，用瓠子燉的羹湯怎麼能稱得上名吃呢？

何謂瓠子？葫蘆而已。葫蘆分好多種，有的能吃，有的不能吃，不能吃的叫「匏」，能吃的叫「瓠」，前者堅硬，後者肥嫩，前者苦澀，後者甘甜，前者曬乾了能做成容器（例如瓢），後者切成片能燉成羹湯。宋朝沒有西葫蘆（又名櫛瓜），能吃的葫蘆只有「瓠」這一種，故此他們將瓠發揚光大，不止燉湯，而且拿來煎炒烹炸。南宋林洪《山家清供》載有一道「假煎肉」，就是用瓠子做成的：嫩瓠一個，削皮，去瓤，切滾刀塊，用紅麴、精鹽拌勻，放豬油裡炸黃，然後與油炸麵筋一起，倒進高湯，小火燜煮，把湯汁收乾，盛到盤子裡。瓠子塊經過油煎上色，並吸收湯汁的精華、麵筋的鮮美（麵筋過油會產生味精），無論外觀、口感和味道，都近似於煎肉，卻又沒有肉的油膩，正是宋朝飲食界素菜葷做之風的成功範例。

有很長一段時間，我一直認為瓠羹應是假煎肉的升級版：將瓠子和麵筋炸成假煎肉，再添加清湯，小火燜煮，最後勾芡增稠……，我也曾經如此試做，所做的羹湯確實鮮美。但是且慢，假如參讀其他文獻，就會發現真正的瓠羹並不是這樣做的。

南宋志怪短篇小說大全《夷堅志》收錄了這麼一則故事：某人夢遊地府，在十八層地獄見到牛頭馬面懲罰生前愛吃瓠羹的食葷者——用鐵叉穿起人體，按入油鍋，先炸後燉，燉得骨肉糜爛，有如瓠羹。由此可見，瓠羹並非素湯，而是葷食。既然是葷食，光有瓠子肯定不行，裡面一定還要有肉。

《東京夢華錄》卷三《天曉諸人入市》描寫北宋開封淩晨時分早餐業的興盛，早點攤販打著燈籠次第開張，大小飯館也早早地開門營業，其中「瓠羹店門首坐一小兒，叫『饒骨頭」，瓠羹店門口坐著一小孩，不停地喊叫：「饒骨頭，饒骨頭……。」以此來吸引顧客。也就是說，如果您進店買一碗瓠羹，店家會額外再贈送您一份骨頭。這也說明瓠羹離不開肉，骨頭應是做瓠羹的邊腳料，否則店家靠什麼送骨頭呢？

我翻查過留存於世的所有宋朝食譜，可惜都沒有查到瓠羹的具體做法，倒是在南北朝典籍《齊民要術》和元朝食譜《飲膳正要》中分別讀到了「瓠葉羹」和「瓠子湯」的做法。

瓠葉羹是這麼做的：瓠子的嫩葉五斤，羊肉三斤，蔥二斤，鹽蟻（即顆粒細小如螞蟻的淨鹽）五合，用以上食材燉成羹湯。

瓠子湯的做法則複雜一些：「羊肉一腳子（按宋元俗語，一隻羊的四分之一為一腳子，即一條羊腿加一片羊身），卸成事件，草果五個，上件同熬成湯，濾淨。用瓠子六個，去瓤、皮，切；掠熟羊肉，切片；生薑汁半合，白麵二兩，作麵絲；同炒蔥、鹽、醋調和。」將羊腿與羊身去皮剔骨，切成大塊，用草果做佐料，燉成一大鍋羊肉湯，濾去浮沫，將熟羊肉從鍋裡撈出切片；取瓠子六個，挖去嫩瓤，刮掉外皮，也切成片；用薑汁和麵，桿切成麵條；將瓠子片、羊肉片與蔥段同炒，添入羊肉湯，燒沸後，下入麵條煮熟，最後用鹽醋調味。

如果宋朝瓠羹繼承了南北朝時瓠葉羹的做法，則它須用瓠葉與羊肉同燉；如果元朝瓠子湯是宋朝瓠羹的遺風，那麼瓠羹其實就是用羊肉瓠子湯煮麵條。當然，也許宋朝的瓠羹既不同於南北朝，也不同於元朝，但有一點我們可以肯定：它是肉食，是濃湯，而不是口感清淡的清燉瓠子羹。

嗜「血」的宋朝

湖南邵陽有一道做法獨特的地方菜，名曰「血漿鴨」。

選用一公斤左右的本地仔鴨，一刀斷頸，倒拎著放血，底下放一粗瓷大碗，碗底少許陳年老醋，再加一撮鹽。鴨血瀝到碗裡，加水，打勻，在醋和鹽的作用下，將一直保持液體狀態，不至於凝固。

放過血，把鴨子放進開水鍋燙一燙，撈出來，拔淨鴨毛，掏空內臟，剁成小塊，用大火熱油快速翻炒。將鴨塊炒成金黃色，改小火，下桂皮、八角、麻椒、少許豆瓣和大量辣椒，繼續翻炒。

鴨塊基本炒熟的時候，把剛才用醋水調勻的那碗鴨血倒進鍋裡，再炒幾下，蓋上鍋蓋，收淨湯汁，一鍋美味的血漿鴨就做成了。

實在講，這道菜真的很好吃，但也真的很難看。

說它好吃，是因為鴨肉鹹中帶甜，甜中透辣，口感酥嫩，爛而不柴，只有醇厚濃郁的鮮香，沒有一絲一毫的鴨腥味。

說它難看，是因為鴨血完全附著在鴨肉塊上，本來紅白可愛的肉塊忽然變得烏漆抹黑，就跟燒焦了似的。如今湘菜館子遍地開花，剁椒魚頭風行天下，但是血漿鴨這道菜在其他地方並不走紅，我猜應該是跟賣相不佳有一定關係的。

我第一次見到血漿鴨，就是在湖南邵陽，湖南衛視拍一部美食紀錄片，我跟組去武岡，跟導演大快朵頤，兩個人分吃了一大盤血漿鴨。吃的時候很嗨，拍的時候卻犯了難，因為畢竟是用鏡頭來表達嘛，你要想讓觀眾感受到一道菜的美味，那就必須讓他們欣賞到這道菜的美感，可是血漿鴨又有什麼美感可言呢？後來我們只好放棄成品菜，只拍製作過程，大把大把的火紅辣椒撒進炒鍋，這種畫面還是很能勾人食慾的，比烏黑暗淡毫無光澤的成品菜強多了。

說到血漿鴨，那就不能不提邵陽的另一款特色小吃：豬血丸子。

做豬血丸子要用三種原料：第一，豬血；第二，豆腐；第三，五花肉。豬血要用新鮮的活血，豆腐要用軟嫩的豆腐，五花肉要剁成肉末。把豆腐打碎，拌上肉末和豬血，放入食鹽，灑上水酒，用手做成饅頭大的丸子，在太陽底下暴曬，曬乾表面的水分，然後上籠蒸熟或者入烤箱烤熟。

剛做好的豬血丸子是鮮紅的，蠻好看。太陽一曬，就成暗紅的了。等蒸熟了再看，我的天，烏漆抹黑，要多難看就有多難看。在豬血丸子出籠的那一瞬間，我想起了魯迅先生的短篇小說《藥》：老栓把沾血的饅頭放進灶洞裡烤熟，那個紅饅頭變成了一碟「烏黑的

血漿鴨

圓東西」……，這種聯想很不恰當，容易影響讀者的胃口，但我忍不住要這樣聯想，因為剛蒸好的豬血丸子確實很像華老栓給兒子治病的血饅頭，無論個頭還是色澤，都很像。

豬血丸子是可以存放的，什麼時候想吃，取出一兩個，切成薄片，配上蔬菜，回鍋炒一炒，裝盤上桌。這時候再看，每一片豬血丸子都是薄薄的黑皮裹著鮮亮的肉片，賣相甚佳。所以說，我吃豬血丸子都是吃切過的、回過鍋的，不敢直接捧著那焦黑的一坨往嘴裡送。

血漿鴨也好，豬血丸子也罷，它們之所以美味，很大程度上是因為血；而它們之所以烏黑難看，很大程度上也是因為血。血有豐富的營養，為其他食材賦予了獨特的口感和風味，但往往也能讓其他食材失去原有的色彩和光澤。不過作為一個合格的吃貨，我們真正應該關心的還是味道，而不是品相，好吃就行，管它好看不好看幹嘛呢？好比讀者朋友看這本小書，內容好就行，別嫌作者長得醜。

我覺得我們古代中國的食客也是明白這個道理的。

查元代食譜《易牙遺意》，其中就有血漿鴨，只是具體做法跟現在略有不同：「鴨剁頸下，盤受下血水，……鴨炒軟後撈起，搭脊血並瀝下血，生塗鴨胸脯上，和細爊料再蒸。」剁開鴨頸，放血入盤，先翻炒，然後把鴨血塗抹到鴨肉塊上，再用八角拌勻，上籠蒸熟。你瞧，前半截工序跟邵陽血漿鴨相同，後半截工序跟豬血丸子相同，一道古菜囊括今日兩道地方名吃。至於其出鍋後的品相，大家肯定可以想像得到，那一定也是暗淡無光，仿佛今日之血漿鴨。

元朝人粗陋不文，他們的燒菜方式小半學自阿拉伯人，大半繼承宋朝遺風。可惜的是，由於宋末戰亂的關係，食譜絕大多數都失傳了，很多宋朝美食僅剩菜名，我們無法瞭解其詳細做法，不過光聽聽菜名就能知道，宋朝人是很喜歡將動物的血漿入饌的。

如南宋袁頤父子《楓窗小牘》載：「舊京工伎固多奇妙，即烹煮盤案亦複擅名，如王樓梅花包子、曹婆肉餅、薛家羊飯、梅家鵝鴨、曹家從食、徐家瓠羹、鄭家油餅、王家乳酪、段家爊物、石逢巴子、南食之類，皆聲稱於時。若南遷湖上，魚羹宋五嫂、羊肉李七兒、奶房王家、血肚羹宋小巴之類，皆當行不數者。」北宋滅亡，北食南遷，舊京開封的諸多名廚名吃紛紛傳至江南，包括王樓梅花包子、曹婆肉餅、薛家羊飯、梅家鵝鴨、曹家從食、徐家瓠羹、鄭家油餅、王家乳酪、段家爊物、石逢巴子、魚羹宋五嫂、羊肉李七兒、奶房王家、血肚羹宋小巴等。諸位朋友請留意，此處提到「血肚羹」，說明製作時一定要用到血和小肚。究竟用什麼動物的血呢？是豬血、羊血還是雞血、鴨血？我們無從查考。現在開封夜市上到處可以品嘗到「羊雙腸」，是將羊血灌入羊腸，煮熟切段，再與羊肚、羊腎一起燉成的羊雜湯。宋人將湯稱為「羹」，今天這道用羊血、羊腸和羊肚製作的羊雜湯或許就是當年的「血肚羹」吧？當然，川菜中最常見的「毛血旺」要用到鴨血和毛肚[13]，說不定跟宋朝血肚羹更為接近。

南宋灌圃耐得翁《都城紀勝》記載：「包子酒店，謂賣鵝鴨包子、四色兜子、腸血粉羹、魚子、魚白之類。」意思是說臨安有一種包子酒店，主要售賣鵝鴨包子、四色兜子（即今日之燒賣）、腸血粉羹、魚子和魚白（即魚肚）。僅看名字，「腸血粉羹」這道菜似乎就是羊雙腸的前身。

南宋周密《武林舊事》介紹大將張俊為宋高宗精心準備的御宴，其中有一道「血粉羹」，

---

13 毛肚也稱百葉肚，俗稱牛百葉，其實就是牛的瓣胃。牛是反芻動物，與其他的家畜不同，最大的特點是有四個胃，分別是瘤胃、網胃（蜂巢胃）、瓣胃（百葉胃，俗稱牛百葉）和皺胃。前三個胃裏面沒有胃腺，不分泌胃液，統稱為前胃。第四個胃有胃腺，能分泌消化液，與豬和人的胃類似，所以也叫真胃。

它或許很像現在南京和鎮江兩地最常見的「鴨血粉絲湯」，或許又像今日西安地區老少爺們引以為豪的傳統小吃「粉湯羊血」，當然也可能跟兩者都不像。但不管怎麼說，這還是一道用動物血漿入饌的食物，而且它肯定美味異常，不然不可能被張俊拿來招待皇帝。

《武林舊事》卷六《市食》列舉臨安街頭小吃，其中還包括「羊血」。這應該是凝固的血塊，也就是血豆腐。我們現代人加工血豆腐，一般用豬血和雞血，而不用羊血。因為豬血勁道，雞血滑嫩，而羊血較為粗糙，且有濃烈的腥膻味，加工不好是無法入口的。在我的豫東老家，人們常用「羊血」這個詞來形容某人做事不實在，而宋朝商販敢於售賣用羊血做的血豆腐，說明他們做血豆腐的技藝肯定非常高超。

研膏茶，黃雀鮓

宋朝士大夫圈子很小，彼此之間都是親戚。以黃庭堅為例，他的大哥黃大臨娶了范仲淹的外甥女，他的三弟黃叔獻把女兒嫁給了歐陽修的孫子，他本人的第一任妻子孫氏則是諫議大夫孫覺的女兒，而孫覺又跟當朝駙馬王詵結成了親家。王詵交遊滿天下，人稱「小孟嘗」，蘇東坡、王安石、米芾、李公麟都是他的座上客，其中李公麟是著名畫家，他有一個侄子名叫李文伯，這個李文伯後來娶了黃庭堅的女兒黃睦……。

如果我們再把這個小圈子稍微放大一下，會發現黃庭堅跟李清照的公公趙挺之是多年的老同事，趙挺之當權後打壓過一個名叫陸佃的官員，而陸佃則是陸游的祖父。陸遊長大後參加科舉考試，得罪了宋朝最著名的奸臣秦檜，而秦檜的丈母娘竟然又是李清照的舅媽！

宋朝名利圈是如此之小，以至於我們不管舉出任何一位名人，再以他為中心畫一張關係網，可以看到其他所有名人其實都附著在這張關係網上面。乍一瞧，好像很好玩很八卦似的，其實這張關係網背後是上流社會的封閉，是階層流動的固化，是官二代、富二代、星二代、文二代對發展機會的壟斷，同時也能反映出草根階層出人頭地的概率低到了何種地步。將來我會寫一本《宋朝人的朋友圈》，專門論述宋朝精英階層把持社會資源的嚴重性，以及平民子弟如何通過個人努力去砸開上升的天花板。

OK，閑言少敘，下面讓我們進入正題。

本篇的正題是「研膏茶」和「黃雀鮓」，前者為宋茶，後者為宋菜，都是頗有特色的飲食，而且都跟黃庭堅有關。

前面說過，黃庭堅的女兒黃睦嫁給了李公麟的侄子李文伯，所以黃庭堅跟李公麟是兒女親家（準確地說是「堂親家」），所以李公麟隔三岔五會送給黃庭堅一些禮物。他都送了些什麼禮物呢？一是產自四川的研膏茶，二是產自安徽的黃雀鮓。

黃庭堅詞曰：「黔中桃李可尋芳，摘茶人自忙。月團犀醃斗圓方，研膏入焙香。青箬裹，絳紗囊，品高聞外江。酒闌傳碗舞紅裳，都濡春味長。」此處「黔中」不是貴州，而是四川。四川產茶，春天桃李盛開，採茶工人忙著採摘細嫩的茶芽，然後交給製茶工人做成或圓或方的磚茶。有的磚茶像滿月一樣渾圓，有的磚茶像皮帶扣一樣方正，而無論是圓是方，做茶的時候都要研膏和烘焙。磚茶出籠，用翠綠的竹葉包裹，用鮮紅的紗囊盛放，運出四川，名聞江南。幾個朋友小聚，酒酣耳熱，每人來一碗這樣精美的研膏茶，邊品茶邊觀賞歌舞，真是春光無限，韻味悠長。

所謂研膏茶，指的是加工時多了一道研膏的工序。而所謂研膏，其實就是通過壓榨、舂搗、揉洗、研磨等方式，將茶葉裡的苦汁排擠出去，使成品茶甜而不澀，香而不苦，甘香厚滑，入口綿柔，不像中國綠茶，倒像是加了牛奶和糖的英式紅茶。

宋朝成品茶可分兩類，一類叫「草茶」，一類叫「片茶」。做草茶比較簡單，將新摘的茶葉漂洗乾淨，攤入蒸籠，蒸到由綠變黃，晾至半乾，用炭火焙乾即成。做片茶比較麻煩，在把茶葉蒸熟以後，還要用布包起來，放進大木桶裡使勁擠壓，擠出一部分苦汁，再放進茶臼裡搗成茶泥，然後再將茶泥挖到陶盆裡，加入泉水，反覆沖洗，盡可能地把苦澀成分都洗乾淨，最後再放進茶模，壓成不同造型的小茶磚，並放在竹籠裡烘焙至內外乾透。

簡言之，草茶就是蒸青散茶，很像現在日本的煎茶，而片茶則是蒸青研膏茶，並且還是壓

研膏茶

成茶磚的蒸青研膏茶。

喝過日本煎茶的朋友都知道，蒸青茶要比炒青茶苦得多，所以日本人喝茶喜歡配甜點，用甜食來壓制茶湯的苦味。宋朝的片茶雖然也是蒸青茶，但它並不苦，因為它是研膏茶，苦味早被研出去了。

說完了研膏茶，下面再說黃雀鮓。

黃庭堅詩云：「去家十二年，黃雀慳下箸。笑開張侯盤，湯餅始有助。」這首詩本來很長，我們只節錄一個開頭。詩題為「謝張泰伯惠黃雀鮓」，意思是感謝張泰伯贈送黃雀鮓。張泰伯是江西官員，請李公麟給母親畫過像，完了送給李公麟一罈黃雀鮓。李公麟一嘗，味道甚美，忍不住想照顧一下自己的親家公，於是就借花獻佛，讓張泰伯再送一罈黃雀鮓給黃庭堅。

黃庭堅在詩中讚歎道：「南包解京師，至尊所珍御。玉盤登百十，睥睨輕桂蠹。」江西地方官將一罈壇黃雀鮓運往京師，運進宮廷，立即成為皇帝的最愛。皇帝餐桌上琳琅滿目，羅列著各種各樣的珍饈美味，但是都沒有這道黃雀鮓好吃。

黃雀是一種鳥，比鵪鶉大不了多少，叫聲清脆，樣子可愛，我們現代人應該捨不得吃牠。可是宋朝人似乎特別愛吃這些可愛的小鳥，如鵪鶉、黃雀、麻雀、斑鳩，無論在《武林舊事》中清河郡王張俊招待高宗皇帝的盛筵上，還是在《東京夢華錄》中開封夜市的地攤上，都成了人們的口中食。據宋人筆記《獨醒雜誌》記載，蔡京做宰相的時候，江西地方官送他九十多瓶「鹹豉」，打開一瞧，哪裡是普普通通的鹹豆豉啊，竟然是用黃雀胃加工的「黃雀肫」！黃雀很小，胃部更小，將成千上萬隻黃雀殘忍地殺死，剖腹取胃，清洗乾淨，搌乾水分，拌上佐料，封入瓷瓶，醃上十天半月，送給權相品嘗，真是世間一大慘事。不過反過來也說明宋朝人喜歡吃這種東西，或者說流行吃這種東西。

南宋食譜《浦江吳氏中饋錄》留下了黃雀鮓的具體做法，容我抄錄如下：

每隻洗淨，用酒洗，拭乾，不犯水。用麥黃、紅麴、鹽、椒、蔥絲，嘗味和為止。卻將雀入扁壇內，鋪一層，上料一層，裝實，以箬蓋篾片扡定。候鹵出，傾去，加酒浸，密封久用。

將黃雀拔毛剖腹，摘淨肚腸，用黃酒洗淨，搌乾，不要沾水。然後將麥黃（麥粒泡透，蒸熟取出，拌上麵粉，撒上米麴，攤放在牆角處，蓋得嚴嚴實實，使其發熱，結塊，長出黃色的細毛，即成麥黃，可用來做醬）、紅麴、食鹽、花椒、蔥絲等佐料混合到一處，佐料數量與比例均視口味而定，覺得淡就多放鹽，覺得鹹就少放鹽。作料拌勻以後，將黃雀放到淺壇裡，鋪一層黃雀，撒一層佐料，裝實，蓋嚴，罈子口用竹籤插牢。過一段時間，黃雀會滲出鹹水，這時候打開罈子，將鹹水倒掉，再倒入黃酒，繼續密封保存。

雖然知道了黃雀鮓的做法，但是我始終沒有嘗試去做。黃雀很可愛，我真不捨得吃，即使捨得吃，我也逮不到。

我倒是試著做過「魚鮓」和「肉鮓」。

半斤草魚三四條，宰殺乾淨，裡外抹鹽，魚鰓和魚嘴裡塞些薑片和麻椒，醃上一天，鋪到砧板上，用布包住，壓上幾十斤重的青石板，壓出多餘的血水。第二天，剁去頭尾，把魚身放入玻璃罈子，撒上陳皮和碎米，封壇一個星期，取出蒸食，此之謂魚鮓。

再買豬腿肉三四斤，片成大片，煮到半熟，切成肉丁，用布包住，擰出水分，用米醋、食鹽、花椒、草果拌勻，倒進罈子裡，封存一個星期，取出蒸食，此之謂肉鮓。

魚鮓和肉鮓的做法在《浦江吳氏中饋錄》中也可以見到，只是這本書裡記載的吃法較為生猛，魚鮓與肉鮓出壇之後，不蒸不煮，生著就能吃。身為現代文明人，我擔心寄生蟲作祟，所以必須蒸熟之後才敢下嘴。味道如何呢？嗯，鮮香，勁道，且有絲絲甜味，拿來下酒真是再好不過。

魚鮓、肉鮓、黃雀鮓，同屬於鮓。鮓是醃漬的菜餚，並且特指乾醃的菜餚，入壇之前必須去除水分，例如黃雀鮓用酒清洗，避免見水，魚鮓和肉鮓分別用石板和布包壓擠水分，都屬於乾醃。同樣的，如果將蟶子、蝦子、茄子、蘿蔔壓去水分，也可以做成蟶鮓、蝦鮓、茄鮓和蘿蔔鮓。

做鮓去水，是為了延長食材的存放時間，水分是細菌的營養液，把水分弄沒了，細菌才能走投無路。南宋周去非《嶺外代答》說廣西人做的魚鮓可以保存十來年，那正是去除了水分的成果。

今天我們探討了宋朝的茶和宋朝的鮓，我覺得這兩種飲食是有共同之處的：宋人做茶需要研膏，也就是去除苦汁，宋人做鮓則需要去除水分，其實都是在做減法。

有的朋友可能會說：做茶去膏，做鮓去水，必然會損失大量的茶多酚、氨基酸、維生素等營養成分，所以這種做法是得不償失。我承認這一點，可是話說回來，營養成分真的有那麼重要嗎？特別是在這個物質豐足的時代，我們最不缺乏的，恰恰就是營養。

第四章

水中生鮮

去宋朝吃日本料理

蘇東坡很喜歡吃鱠，隔幾天不吃就饞得慌。有段時間，他得了很嚴重的紅眼病，雙眼又紅又腫，看東西模糊不清，醫生勸他不要再吃鱠了，他為難地說：「要是不吃鱠，我的嘴巴肯定鬧意見，可是如果繼續吃鱠，那又對不起我的眼睛，眼睛和嘴巴都在我身上長著，沒有道理厚此薄彼，您說我該怎麼辦才好呢？」（參見《東坡志林》卷一《子瞻患赤眼》）

後來蘇東坡是聽從了醫生的建議不再吃鱠了呢，還是嘴饞忍不住繼續吃鱠呢？他自己沒有說，所以誰也不知道。從性格上看，蘇東坡是個感性大於理性的人，我估計他不顧眼病繼續吃鱠的可能性比較大。

鱠對蘇東坡的吸引力這麼大，究竟是什麼樣的美食？很簡單，就是魚生。

從訓詁學的角度講，「鱠」這個字是從「膾」字演化而來的，而「膾」字指的是切細的肉。

孔子說過：「食不厭精，膾不厭細。」「精」是最高檔的大米，「膾」是切得很細的肉，大米越高檔越好吃，肉切得越細越好吃。

孔子那個時代，加工肉食分四種方式：一是烹煮，放到鼎裡整塊煮熟；二是燒烤，架在炭火上烤熟；三是醃製，把肉剁成碎末，摻上佐料，密封到罐子裡，醃上幾天再吃；四是涼拌，把肉切成薄片或者細絲，用鹽和醋拌一拌，直接生吃。

用鼎煮肉叫作「烹」，用火烤肉叫作「炙」，醃製的肉醬叫作「醢」，切細並生吃的肉叫作「膾」。有個成語叫「膾炙人口」，意思就是誇別人的作品很好，就像生肉片和烤肉串一樣美味。

我們現代人可能會覺得生肉片又腥又膻，一點都不美味，可是古人卻不這麼看。從周朝到唐朝，中國人一直都是很喜歡吃膾的。換句話說，古代中國人認為切細的生肉非常好吃。比如說唐朝有一道很有名氣的大菜叫「五生盤」，就是把豬肉、羊肉、牛肉、鹿肉和狗熊[14]的肉切成薄薄的小片，漂洗乾淨，擰乾水分，拼成梅花形狀，放到一個大盤子裡，沾著醬料生吃。

記得一年臘月到西雙版納取景，在傣族「年豬宴」上吃過一道「紅生」，里脊洗淨，切成碎丁，拌上鹽，拌上調料，也是生吃。我沒有吃過五生盤，在我心目中，唐朝五生盤的口味應該很像紅生，乍聽起來又腥又膻，難以下嚥，只管嘗一口，嗯，還能接受。

古人吃生肉的同時，還喜歡吃生魚。生魚怎麼吃？跟其他動物的肉一樣，先細切，再

14　亞洲黑熊。

涼拌，不經過蒸煮，不經過油炸，不經過燒烤，不經過燴扒，完全是生著吃。為了把生魚跟生肉區分開，中國古人又根據「膾」字創造了一個新字：鱠。膾是月字旁，表示切細的生肉；鱠是魚字旁，表示切細的生魚。

蘇東坡是宋朝人，宋朝人的口味跟唐朝相比，已經變了不少，宋朝人不喜歡生吃各種牲畜的肉，只喜歡生吃鮮魚的肉，也就是魚生。魚生火，肉生痰，多吃魚容易上火，多吃魚生更容易上火，所以蘇東坡得紅眼病的時候，醫生會勸他戒掉魚生，以免體內的火氣越來越大，眼病的症狀越來越重。但蘇東坡是出了名的老饕，應該不會因為上火而戒掉魚生。

宋朝的大文豪幾乎都愛吃魚生。除了蘇東坡，歐陽修、梅堯臣、范仲淹、黃庭堅等人都是魚生的忠實粉絲。梅堯臣家裡雇了一女廚師，刀工一流，專做魚生。歐陽修年輕時候在開封上班，每逢休假，一準上街買幾條鮮魚，拎到梅聖俞家裡，讓梅家的女廚師替他加工魚生。（參見葉夢得《避暑錄話》卷下）

王安石變法前後，有個大官叫丁謂，也很愛吃魚生。他在東京汴梁的家裡挖了一口池塘，池塘裡養著幾百條魚，平時用木板蓋著，什麼時候來了客人，掀開木板，釣上幾條魚，現釣現切，現切現吃。（參見邵伯溫《邵氏聞見錄》卷七）

東京汴梁的老百姓也愛吃魚生。《東京夢華錄》記載，每年陽春三月，京城西郊的金明池會開放幾天，讓市民釣魚，這時候廣大市民拎著魚竿、扛著砧板、揣著快刀來到金明

鱠

池畔，把魚釣上來以後，直接就在岸邊刮鱗去腮，切成薄片，沾著醬料大吃。這種場面在宋朝叫作「臨水斫鱠」，是東京汴梁一大勝景。

東京汴梁就是現在的開封。現在開封人喜歡釣魚，但是不喜歡吃魚生，主要原因是怕腥，不敢吃。不信大夥去開封的時候可以找幾個當地人隨機訪問一下，問問他們是否對魚生感興趣，我猜他們都會搖頭說NO。有些訪問對象甚至連魚生是什麼都不知道，因為現在絕大多數餐廳裡都不賣這道菜。

為什麼宋朝開封人喜歡吃魚生，而現代開封人卻對魚生不感冒呢？兩條原因：

第一，北宋滅亡以後，開封成了金國的首都，好多中原居民都跑到南方去了，換成女真人、契丹人和蒙古人在開封定居，這些少數民族沒有吃魚生的習俗，所以自金國以降，開封以及整個中原地區移風易俗，扔掉了吃魚生的喜好，而這一喜好卻在江浙和閩廣保留了下來，那裡正是北宋滅亡後中原居民的遷徙地。

第二，受少數民族不斷南擴的影響，中國人的飲食習慣從元朝開始又發生了一次大變革，除了兩廣和福建一帶，全國絕大多數地方都淡忘了吃魚生的傳統，你給他們一條魚，他們不是清蒸就是油炸，完全想不到還能生吃。

當然，即使在宋朝，也不是所有地方的人都懂得吃魚生，起碼陝西、山西、河北這幾個北方省份的居民是不吃的。當年范仲淹帶兵在陝西駐防，走到水邊，看見水裡有很多魚，非常開心，想釣上幾條打打牙祭，當地人卻說：「此水不好，裡面有蟲！」（江休復《江臨畿雜誌》）那時候陝西人管魚叫作蟲，認為魚是一種不能吃的怪物（其實直到二十世紀，還有一些陝西人不敢吃魚）。不過總的來說，宋朝時習慣吃魚生的居民比現在要多，流行吃魚生的區域比現在要大。在北宋中後期，黃河以南只要是靠水居住的老百姓，都吃魚生，不像現在，就連長江以南也有很多人不知道魚生是什麼玩意兒，以至於在飯店裡見到生魚片，還以為那都是日本料理，而忘了日本料理當中有很多特色都是從古代中國尤其是宋朝傳過去的。

日本料理離不開刺身，也就是切細並生吃的肉，包括生魚片，而我們剛才已經說過，古代中國人發明了膾和鱠。

日本料理離不開味噌，也就是調味用的豆豉，而在宋朝和宋朝以前的各個朝代，豆豉一直是中國人不可或缺的調味料，人們用它代替鹽和醬油，用它燉肉，用它熬製成跟日本味噌湯一樣的「豉羹」。

日本人吃魚生離不開哇沙米，也就是芥末醬，而用芥末醬來拌魚生是宋朝時最流行的做法，唐朝人吃魚生喜歡就大蒜，宋朝革除了這一做法，換成了味道更加鮮美且不會產生口氣的芥末和橙汁。

日本料理還離不開壽司，壽司是米飯和配菜的結合體，而米飯必須要用醋來調製，經過簡單發酵，稱為「醋飯」。而在宋朝，江南老百姓每天下午習慣做「水飯」：把糯米蒸熟，趁熱倒進清水缸裡，往缸里加點醋，加點糖，蓋上蓋，到第二天盛出來，把水倒掉，握成飯團，吃起來又酸又甜，再裹上一層青菜，跟壽司一模一樣。

正統的日本料理講究上菜次序，不是一下子把所有的菜都端上桌，而是吃完一道再上一道。宋朝的高規格飯局也很講究上菜次序，也是吃完一道菜再上一道菜。在北宋招待契丹使臣的國賓宴上，在宋朝皇帝大宴群臣的皇家宴席上，酒和菜嚴格搭配，每喝一杯酒，都要把舊菜撤下去，換上一道或者兩道新菜（參見司膳內人《玉食批》、司馬光《涑水紀聞》），餐桌上乾乾淨淨，絕不會出現盤子碟子成堆的狼藉景象。

日本廚師做刺身的時候最講究刀工，專業做刺身的廚師能劃分好幾個等級，高等級廚師甚至要經過幾十年的刻苦訓練。宋朝廚師做鱠也是對刀工有著非常高的要求，魚片切好以後，一定要薄得像宣紙，輕得像羽毛，這樣才容易入味，不會讓人吃出腥膻的味道。

有個事例可以證明宋朝廚師的刀工究竟高到哪個地步：南宋時期，山東泰安有個廚師，擅長做膾，也就是切生肉。他做膾的時候，讓助手赤裸上身，匍匐在地，然後把一斤肉塊擱在助手背上，運刀如風，很快就能把那塊肉切成一排細如毛髮的肉絲，而助手的脊背居然完好無損。（參見曾三異《同話錄・絕藝》）

我對這位大宋廚師的刀工非常羨慕，可是我不敢模仿，您要真把一塊生肉擱到別人背上讓我切的話，我大概會把人家的脊背切掉一部分，把一斤肉塊變成兩斤肉絲。

小皇帝吃螃蟹

宋仁宗是個很有人情味的皇帝。

據朱熹《二程外書》記載，仁宗皇帝吃飯，吃到了一顆砂粒。這如果換作別的皇帝，一準龍顏大怒，責罵下頭人不會侍候，甚至還可能興起大獄，砍掉某些人的腦袋。但是仁宗沒有這樣做，他不聲不響，輕輕把砂粒吐出來，輕輕地放到餐桌上，繼續往嘴裡扒飯。旁邊的嬪妃驚叫道：「皇上您看，米沒有洗淨耶！」仁宗趕緊制止：「切勿語人，朕曾食之，此死罪也。」噓，你小聲點，剛才朕已經吃到了，千萬別讓下面知道，不然淘米的這個人就有死罪了。

《二程外書》又記載，仁宗皇帝想吃荔枝，掌管宮廷果品的果子局官員回奏道：「對不起皇上，微臣罪該萬死，今年進貢的荔枝已經吃完，明年進貢的荔枝還沒有到貨。」一個太監自告奮勇請旨：「聽說外面市場上還有，我去給皇上買幾斤吧？」仁宗又趕緊制止：「不可令買之，來歲必增上供之數，流禍百姓無窮。」不要去買，否則地方官會聽說宮裡的荔枝不夠吃，來年就要加倍進貢，豈不是增加人民負擔嗎？

《二程外書》還記載，仁宗皇帝半夜醒來，翻來覆去睡不著，近侍問道：「皇上是不是想進膳啊？」「嗯。」「那您想吃什麼呢？」「烤羊頭。」「奴才這就吩咐御廚房，讓他們給您做去。」仁宗連連搖手道：「不可，今次取之，後必常備，日殺三羊，暴殄無窮。」你可千萬不能去說啊，朕半夜三更吃一頓烤羊，那不算什麼，怕的是以後形成慣例，御廚房為了討朕歡心，每天都要宰殺三隻羊預備著，那樣浪費可就大了去了。於是乎，仁宗「竟夕不食」，寧可自己一晚上忍饑挨餓，也沒有下旨索要烤羊頭。

以上這些都是小事，小中見大，可以見到宋仁宗的細心和仁慈，也說明他是個擅長克制的好皇帝，為了江山社稷，可以克制自己的食慾。

不過早在仁宗剛剛即位的時候，他其實是不能克制食慾的。

司馬光《涑水紀聞》有載，仁宗打小就愛吃螃蟹，一頓不吃就饞得發慌，一吃起來就剎不住車。由於他螃蟹吃得太多，太沒有節制，最後吃出毛病來了：頭暈眼花，四肢麻木，咳嗽吐痰，還經常便秘。

眾所周知，螃蟹是好東西，但是性寒，不宜多吃，吃多了會得「風痰之症」。什麼是風痰之症？就是宋仁宗那些症狀。

那時候宋仁宗才十幾歲，還沒有親政，真正掌權的是他名義上的母親劉太后。劉太后看見小皇帝吃螃蟹吃壞了身體，當即發下懿旨：「蝦蟹海物不得進御！」以後可不敢再讓皇上吃螃蟹了。不光螃蟹，所有海鮮都不許送到宮裡來！

一個十幾歲的孩子，哪能管得住自己的嘴啊？仁宗吩咐太監宮女偷偷去外面館子裡買螃蟹，可是大家都怕劉太后，不敢答應，這可把他給饞壞了。另一個皇太后看不下去了，她就是劉太后的好姐妹、親自撫養宋仁宗長大的楊太后。楊太后說：「太后何苦虐吾兒如此？」劉太后幹嘛這麼虐待我們的小寶貝啊？你不讓他吃螃蟹，我讓他吃！於是她「常藏而食之」，經常從秘密管道弄些螃蟹給宋仁宗解饞。

若干年後，宋仁宗親政，對楊太后很感激，對劉太后卻心懷怨恨。他為什麼要怨恨劉太后呢？一半是因為劉太后垂簾聽政時間太長，讓他當了多年的傀儡皇帝，另一半則是因為劉太后管他管得太嚴，不讓他吃螃蟹。

小皇帝愛螃蟹，這不稀奇。螃蟹嘛，很鮮，很有營養，吃多少都不膩，別說仁宗好這一口，我也愛，相信正讀這段文字的讀者諸君也有許多人喜歡吃螃蟹。令人遺憾的是，史料中沒有記載仁宗小時候吃的究竟是哪種螃蟹。或者更確切地說，我們不知道宋朝宮廷中的螃蟹料理究竟是怎麼做的。

現存飲食文獻中有一篇《玉食批》，是宋朝某位皇帝寫給太子的膳單，羅列了一大堆美食名稱，其中兩道與螃蟹有關的美食，分別是「浮助酒蟹」和「蝤蛑簽」。

浮助酒蟹是怎麼做的呢？不得而知，蝤蛑簽則可以猜到。蝤蛑者，青蟹是也。簽呢？是宋朝象形食品的一個大類，通常是將食材切成絲，用豬網油卷裹成筒，裹上蛋糊，入油炸透，再一切兩半，外形很像寺廟和道觀裡供人抽籤的籤筒。推想起來，將青蟹蒸熟，剝取蟹肉，撕成小段，裹成網油卷，大概就成宋朝宮廷食品蝤蛑簽了。

宋人筆記《武林舊事》提及宋高宗駕臨清河郡王張俊府邸，張俊設宴迎駕，幾十道佳餚堆滿酒席，中有「螃蟹釀橙」、「螃蟹清羹」、「洗手蟹」、「蝤蛑簽」四道，也是用螃蟹做的。

從菜名上推想，螃蟹釀橙即蟹釀橙：取鮮橙一枚，削去頂皮，將瓤挖空，填入蟹粉[15]，

15　所謂「蟹粉」，是指從螃蟹身上以手工拆出的蟹肉、蟹腳肉與蟹膏和蟹黄炒製後的鮮濃佐料5

蓋上蓋，上籠蒸。橙香可以提鮮，橙汁可以去腥，橙皮可以鎖住蟹肉的湯汁，不讓它滴進鍋裡，真是一舉三得。螃蟹清羹呢？大概就是用螃蟹清燉的湯。蝤蛑簽在前面已經說過，洗手蟹則是一道很野蠻的菜，做法見於南宋食譜《浦江吳氏中饋錄》：

用生蟹剁碎，以麻油先熬熟，冷。並草果、茴香、砂仁、花椒末、水薑、胡椒俱為末，再加蔥、鹽、醋，共十味，入蟹內拌勻，即時可食。

活蹦亂跳的一隻螃蟹，不揭殼，不去腸，劈裡啪啦剁得稀碎。將香油加熱，放涼備用。取草果、茴香、砂仁、花椒、胡椒、鮮薑若干，能切碎的切碎，能搗碎的搗碎，再加上蔥、鹽、醋，與香油、草果、茴香等作料放在一塊兒，湊成十種調味料，將剛才剁得稀碎的螃蟹拌勻，即可食用。

您瞧，螃蟹是剁碎的，而且是生的，拌上佐料就吃，細思極恐。當然，砂仁、草果、茴香、胡椒與生薑能去腥，但是總不能生吃啊？那是螃蟹，不是鮮魚，既有硬殼，又有內臟，吃的時候難道不扎喉嚨嗎？就算你咽得下，它也不衛生啊？寄生蟲什麼的暫且不提，內臟總得去掉吧？生螃蟹怎麼去掉內臟呢？所以這道洗手蟹應該不是宋仁宗的菜，如果仁宗愛吃，那我們只能說他重口味。

眾所周知，蘇東坡也愛吃蟹。東坡《老饕賦》有云：「嘗項上之一臠，嚼霜前之兩螯。

洗手蟹

爛櫻珠之煎蜜，滃杏酪之蒸羔。蛤半熟而含酒，蟹微生而帶糟。蓋聚物之夭美，以養吾之老饕。」其中「霜前之兩螯」指的是秋後螃蟹成熟時那兩隻蟹鉗，「蟹微生而帶糟」自然是指酒糟蟹。蟹鉗裡的蟹肉既鮮又韌，有咬頭；酒糟蟹有蟹的鮮香，還有黃酒的糟香，香勁濃郁，回味綿長，鮮美不可方物。老蘇愛蟹鉗，愛糟蟹，應該不愛洗手蟹，因為他沒有那麼重口味。

《東京夢華錄》卷二《飲食果子》中有一道「炸蟹」，即油炸螃蟹，可能也是某些重口味食客搞出來的吃法。螃蟹用油炸，蟹的鮮味全被滾油趕走，真是暴殄天物。不過即使到了今天，我們豫東老家的紅白宴席上的螃蟹仍然是以油炸為主：螃蟹用鹽醃透，裹滿麵糊，扔進油鍋裡炸透，俗稱「麵蟹」，又叫「麵拖蟹」。這樣炸過的螃蟹如果再加料燜一下，還可以嘗到蟹的少許鮮味，問題是我們那的村宴廚師不懂這個，炸後不燜，直接拿著吃，以香脆為美。最嚇人的是，參與村宴的鄉親們居然也認為螃蟹最好的吃法就是油炸，如果你端給他們一籠清蒸螃蟹，他們會覺得太腥，也太淡，不好吃，更不好剝，無從下手。

除了螃蟹，還有魚蝦，在我們豫東也是以油炸為主。將小龍蝦清乾淨，裹滿麵糊，下鍋炸黃，在我們那叫作「麵蝦」，竟是婚宴和小城鎮餐廳的主打菜。沈括《夢溪筆談》有云：「北方人喜用麻油煎物，不問何物，皆用油煎。慶曆中，群學士會於玉堂，使人置得生蛤蜊一簣，令饔人烹之，……煎之已焦黑，而尚未爛。」宋仁宗慶歷年間，朝臣在政事堂聚餐，交給小食堂一筐生蛤蜊，讓廚師去做，結果被一個北方廚師給油炸了，外殼都炸焦了，蛤蜊肉還沒熟。宋朝時的北方人就喜歡油炸，現在還是這樣，為什麼？不是因為北方廚師太笨，而是因為他們平日吃過的螃蟹魚蝦之類的水產實在太少，不知道除了油炸還有別的做法。

《夢溪筆談》又載，在北宋時期的陝西，大多數人沒見過螃蟹，有個富人不知從哪個管道弄到一隻螃蟹，掛在牆上當裝飾品，鄰居去串門，一眼瞧見螃蟹，嚇得扭頭就跑。後來鄰居去的次數多了，不害怕了，卻又以為那隻螃蟹可以辟邪，每當誰家的小孩子受了驚嚇，就把那只螃蟹取出來，恭恭敬敬掛到大門口……。

您看，見都沒見過，又怎麼懂得吃呢？

大宋燕鮑翅

在中國，每當說起「燕鮑翅」，一定讓人聯想到高檔宴席。是啊，燕窩、鮑魚、魚翅，都是中餐宴席的高檔菜色。

問題在於，它們是從什麼時候成為高檔菜色的呢？

翻翻我們浩如煙海的歷史文獻，查查我們琳琅滿目的古典食譜，能看到一點兒蛛絲馬跡。

首先可以肯定，鮑魚走上餐桌的時間最早。

《漢書・王莽傳》寫道：「軍師外破，大臣內叛，左右無所信，……莽憂悶不能食，但飲酒，食鰒魚。」西漢外戚王莽篡權奪位，自己當皇帝，很多人反對他，把他愁得吃不下飯，只能喝悶酒、吃鮑魚。

曹植在祭祀父親曹操的文章裡寫道：「先主喜食鰒魚，前已表徐州臧霸送鰒魚二百。」曹操活著時愛吃鮑魚，所以曹植寫信讓地方官送來兩百隻，希望曹操的在天之靈可以繼續享用。

讀者朋友可能會質疑：文獻裡說的明明是「鰒魚」啊，哪裡是鮑魚？其實在古代中國，人們一直管鮑魚叫「鰒魚」。至於現在常說的「鮑魚」，古時候指的是臭鹹魚。

遙想當年，秦始皇在考察途中猝死，隨從大臣秘不發喪，跟往常一樣去他的專車上早請示、晚彙報，沿著官道返回咸陽。天熱路遠，沒有冰箱，秦始皇的屍體很快腐爛，車裡散發出陣陣惡臭。為了防止人們起疑，隨從弄了一車鮑魚跟在後面，試圖讓人相信那些臭味來自後面的鮑魚，而不是皇帝的專車。結果他們成功了。

這段故事載於《史記》，人所共知。以前我沒文化，一讀到這段就懷疑那些隨從大臣的智商：鮑魚是名貴食材，怎麼會有臭味？讀書多了，才知道《史記》裡的鮑魚並不是現在有錢人吃的那種名貴海鮮，它只是臭鹹魚而已。

當然也不光《史記》，包括四書，包括《漢書》，包括《三國志》，包括《新唐書》、《舊唐書》、《五代史》和《宋史》，元代以前所有典籍裡的鮑魚其實都是臭鹹魚。有個成語叫「鮑魚之肆」，本義就是指很臭很臭，好像走進一家店鋪，裡面正賣一坨一坨的臭鹹魚，臭味鋪天蓋地。

宋朝語境自不例外，如果你瞧見宋朝人給你寫出「鮑魚」兩個字，不用問，他指的准是臭鹹魚。可如果他只寫一個「鮑」字，那就不是臭鹹魚了，而是牡蠣，牡蠣在宋朝被稱為「鮑」。宋朝有一款名叫「滴酥鮑螺」的無敵可愛小點心，用奶油擠出扁扁的、帶螺旋的花式造型，狀如牡蠣和海螺。

沙魚縷

宋朝不是沒有鮑魚，可是在宋朝人筆下，鮑魚不能寫成鮑魚，只能寫成「鰒魚」。《蘇軾文集》裡有蘇軾寫給朋友滕達道的一封信：「鰒魚三百枚、黑金棋子一副、天麻煎一部，聊為土物。」意思就是說他給人家寄過去三百隻鮑魚以及別的名貴土產。那時候蘇軾正在山東登州做知府，鮑魚是登州最有名的特產。

蘇軾有一至交叫陳師道，是詩人，也是美食家，對茶和海鮮頗有研究，他認為大宋境內有四絕：洪州的雙井茶是一絕，越州的日注茶是一絕，明州的江珧柱[16]是一絕，登州的鮑魚是一絕，這四絕當中，又數登州的鮑魚最為難得。（參見陳師道《後山談叢》卷二）

根據歷史文獻，我們可以十拿九穩地下結論：至少從漢朝和三國時期開始，中國人就開始吃鮑魚了。

16 牛角江珧蛤的貝柱。乾製品俗稱干貝或扇貝。

跟鮑魚相比，魚翅走上餐桌的時間要晚一點。

古代中國留給我們的食譜很多，不過很少提到魚翅。按照現存文獻，第一次提到魚翅的，應該是宋朝史料《楊公筆錄》，原文非常簡短：「餘以鰒魚之珍，尤勝江珧柱，不可甘乾至故也，若沙魚翅鰾之類，皆可北面矣。」

這段話的作者叫楊延齡，北宋官員，生活在王安石變法前後。在楊延齡看來，鰒魚（鮑魚）、江珧柱（乾製品俗稱「干貝」）、沙魚翅鰾，都是珍貴食材，但鮑魚最珍貴。為什麼？因為當時的工藝還比較落後，鮑魚還不能製成乾貨。這段話的弦外之音是，至少在北宋一朝，我國勞動人民就懂得怎樣將江珧柱和沙魚翅鰾做成乾貨，但是卻不懂得怎樣把鮑魚製成乾貨。

那麼，什麼是「沙魚翅鰾」呢？很簡單，就是魚翅和魚鰾。

按宋朝食譜，當時將鯊魚寫作「沙魚」。宋朝人把鯊魚肉（或者鯊魚肉凍）切成薄片，名為「沙魚膾」；也將鯊魚皮煲湯，名為「沙魚襯湯」；還喜歡把鯊魚皮剔淨，煮軟，剪成長條，澆上清湯，鋪上菜碼，像吃麵一樣呼嚕呼嚕吃下去，名為「沙魚縷」。至於「沙魚翅鰾」，當然是指鯊魚的魚翅和魚鰾啦！

宋末元初的孔齊在《至正直記》一書中提到過吃鯊魚的經歷：「予至鄞食沙魚，腹中有小魚四尾或五六尾者，初意其所食，但見形狀與大者相肖，且有包裹，乃知其為胎生也。」

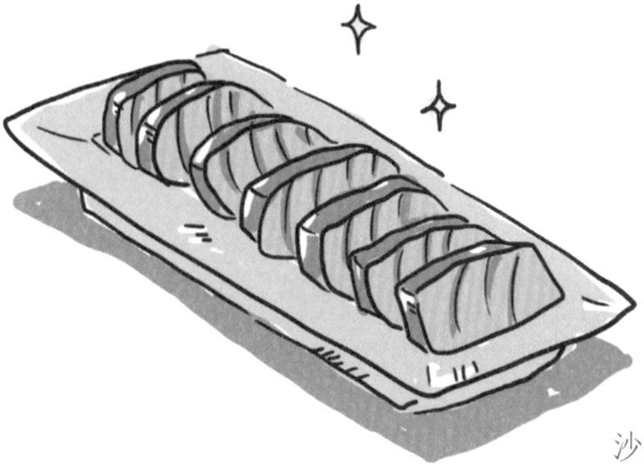

沙魚鱠

孔齊在寧波吃過一條鯊魚，剖開肚子一瞧，裡面有四到六條小魚，原以為是被鯊魚吞下去的食物，但是那些小魚的長相跟被剖開的鯊魚相像，而且體外還裹著胞衣。孔齊由此推論，鯊魚跟人一樣，都是胎生的動物。

軼事出自宋末元初的《至正直記》，都跟鯊魚有關，可惜都沒能顯示出宋朝人如何吃魚翅，也就是鯊魚的鰭。

在宋朝以前的文獻裡，沒有魚翅的蹤跡（也許有，還沒看到）。在宋朝或者宋末元初的文獻裡，出現了魚翅，但是卻沒有魚翅的做法（也許有，還沒看到）。宋朝人到底怎樣吃魚翅呢？暫時不得而知。總而言之，魚翅作為食材，至少從宋朝開始。

那麼宋朝人是否已經開始食用燕窩了呢？答案是否定的。燕鮑翅這三個哥倆好，鮑魚至少從漢朝入饌，魚翅至少從宋朝入饌，而燕窩十分可恥地遲到了。

江湖故老傳言，中國人本來不懂吃燕窩，直到鄭和下西洋，船隊遇上風暴，停泊到馬來群島的一座島嶼上，無意中發現懸崖峭壁上的燕窩，鄭和下令採摘食用，返程時將剩餘的燕窩獻給明成祖，從此燕窩才在中國餐桌上流行開來。

這個傳說靠譜嗎？應該不靠譜，燕窩來到中國，肯定比鄭和下西洋要早。

明朝初年有一位百歲老人賈銘，他生在南宋，活在元朝，死在明初。臨死前，此老出版了一本關於食療和養生的著作《飲食須知》，第六卷已經提到燕窩：「味甘，性平。黃、黑、黴爛者有毒，勿食。」燕窩的味道是甜的，藥性是平的，可以吃。如果燕窩發黃發黑，或者黴爛，那就有毒了，不能吃。

賈銘關於燕窩的記載很簡略，還有錯誤（燕窩發黃並不能證明有毒），但他是現存文獻中記載燕窩能吃的第一人。他大半輩子在元朝生活，在明朝建立不久就壽終正寢，說明燕窩在元朝或者明初時已經被一部分中國人吃到。

清朝人曾廉編纂過一部補寫元朝歷史的《元書》，該書第一百卷說，海南島的對面，占城國的東面，有一個馬蘭丹國，出產珍珠、玳瑁、冰片、海參和燕窩，一二八六年曾向元世祖忽必烈進貢。這段記載沒有說明馬蘭丹國進貢物品中有沒有燕窩，但是明確寫到馬蘭丹國出產燕窩。

馬蘭丹在哪兒呢？根據《元書》的描述，應該位於現在越南的中部。這個小王國存續時間太短，只向元朝進貢過一次，就被其他王國吞併了。到了明朝，由於鄭和下西洋的影響，向中國進貢的南海小國陡然增加，貢品中實實在在出現了燕窩。

嘉靖年間，廣州人黃衷離開官場，隱居越秀山，創辦矩洲書院，親眼看到來自菲律賓群島的商船駛入廣州灣，運來珠貝、香料和燕窩。黃衷說：「海燕大如鳩，春回巢，於古岩危壁葺壘，乃白海菜也。島夷俟其秋去，以修竿接鏟，取而鬻之。……海燕窩隨船至廣，貴家宴品珍之，其價翔矣。」海燕大如斑鳩，春季飛回，在懸崖峭壁上築巢，這就是傳說中的燕窩，俗稱「白海菜」。秋天到了，海燕飛走了，島上土著用長竹竿捆綁鐵鏟，將燕窩鏟下出售，被海外商船運到廣州，成為達官顯貴的席上珍品，與此同時，它們的價格則像海燕一樣越飛越高。

燕窩究竟何時開始食用？可能始於元朝，也可能始於明朝。目前看，明朝的證據更多，更扎實。

宋朝有沒有烏魚子

宋徽宗大觀末年（一一一〇），蔡京罷相，帶著十四歲的兒子蔡絛去杭州居住。他走的是水路，坐的是大船。在他大船的旁邊，時不時劃過一些小船，船頭站著漁民，向過往船隻兜售剛剛捕撈上來的魚蝦。蔡京招招手，讓一艘漁船靠近，問道：「你的魚怎麼賣？多少錢一斤？」漁民見有主顧，滿臉堆下笑來：「回您老，不論斤，十條只賣十五文。」說著從桶裡摸出一條半尺來長、活蹦亂跳的魚來，雙手舉著讓蔡京看。蔡京見魚不錯，就讓蔡絛數出三十文銅錢，買了二十條魚。

買完魚，蔡京吩咐繼續開船，走沒多久，忽聽後面有人高喊：「前面的客官，請等一等！」扭頭一瞧，剛才賣魚的那艘小船正風馳電掣般駛過來。蔡京不解何故，跟兒子說：「這個人可能是捕到大魚了，趕過來向我們這老主顧推銷的吧？」說話間那漁民已經把船劃攏過來了，只見他將一枚銅錢輕輕扔到了蔡京的甲板上，並解釋道：「剛才賣給您二十條魚，應該收您三十文錢，可是您家公子沒有數清楚，多給了一文，所以我必須把它還給您。」蔡京聽了大受感動，無論如何不收那文錢，還要再加賞一些貴重東西，但都被那個漁民拒絕了，只見他掉轉小船，消失在茫茫湖水之中。

多年以後，蔡絛在其著作《鐵圍山叢談》中回憶起這件往事，猶自大發感慨：「吾每以思之，今人被朱紫，多道先王法，言號士君子，又從騶哄坐堂上曰貴人，及一觸利害，校秋毫，則其所守未必能盡附新開湖漁人也。」現在的大官言必稱古聖先賢，好像挺仁義似的，可是一旦涉及權位與名利，他們就錙銖必較、睚眥必報，我看他們的道德操守離那個漁民差遠了。

想必蔡絛所說的大官不包括他爹蔡京，其實蔡京禍國殃民，壞事做盡，道德操守只怕更差。不過今天我們暫且不談蔡京的道德，只談他買的那些魚。如前所述，從湖裡剛剛捕撈上來的魚，半尺來長，活蹦亂跳，二十條才賣三十文，真是便宜得很。

有宋一朝，魚的價格通常比其他肉類便宜。如陸遊《買魚》詩云：「臥沙細肋何由得？出水纖鱗卻易求。」「兩京春薺論斤賣，江上鱸魚不值錢。」羊肉太貴，買不起，早春的薺菜也論斤出售，頗為稀缺，唯獨鮮魚極大豐富，要多少有多少，花一點點錢就能買到好多。

那是不是所有的魚都很便宜呢？當然不是。

蔡京死後不到二十年，又一位大奸臣秦檜執掌了權柄，他主持和議，跟金國簽下停戰協定，將宋高宗他媽韋太后從金國迎接了回來。這位韋太后是個酒鬼（每月飲酒幾十斤），也是個吃貨，愛吃一種名叫「子魚」的魚。有一回，秦檜的老婆王氏進宮，陪太后閒聊，聽韋太后說：「近日子魚大者絕少。」老太后喜歡吃大子魚，可是最近進貢上來的子魚太小了，她老人家吃得不滿意。王氏當即打包票說：「妾家有之，當以百尾進。」（《鶴林玉露》甲編）原來您想吃子魚啊，那還不簡單，我們家就有大的，明天給您送一百條過來。

王氏出宮回家，跟秦檜說了這事，滿以為秦檜會誇她巴結太后巴結得好。哪知道秦檜臉都氣黃了：「你傻啊你，怎麼能說咱家的子魚比宮裡的還大呢？宮裡沒有大子魚，我們家倒有，而且有一百條那麼多，敢情我們比皇上還要闊，這要是讓皇上知道了還了得！」王氏慌了神：「那可怎麼辦？我的話都說出去了，明天要是不給太后送一百條子魚，豈不犯下欺君之罪？」秦檜拍拍腦袋，想出來一個絕妙的主意，第二天，他找來一百條青魚，讓老婆送到了宮裡，還教導老婆說：「你見了太后，就說這就是大個的子魚。」

韋太后吃過見過，當然分得清子魚和青魚，她指著王氏的鼻子哈哈大笑：「你說你們家有子魚，我壓根不信，原來你說的子魚就是青魚啊！」王氏紅著臉叩頭謝罪，連說自己愚蠢，沒見過真正的子魚長什麼樣，把太后矇騙過去，一場危機就這樣化解了。

現在問題來了：這則故事裡的子魚到底是一種什麼魚呢？

所謂子魚，其實就是我們現在說的鯔魚。鯔魚跟青魚很像，都是體形寬大、背青腹白，二者外觀上的關鍵區別在於魚眼：鯔魚是黑眼圈，青魚是紅眼圈。另外青魚很便宜，鯔魚就貴得多了。您想啊，連太后都不能獲得充足的常例供應，這種魚肯定稀缺，它的價格肯定昂貴。

宋朝人王得臣《麈史》記載：「閩中鮮食最珍者，所謂子魚者也，長七八寸，闊二三寸，剖之，子滿腹，冬月正其佳時。」福建出產鯔魚，到了冬天能長到七八寸長、兩三寸寬，肚子裡滿是魚卵，是當地最珍貴的食材。

我們知道，將鯔魚卵取出漂淨，加工成型，就是聞名天下的烏魚子。現在烏魚子假貨太多，真空包裝，顏色橙黃，好像用哈密瓜做成的瓜乾，一包只賣幾十元。假如是真的，那可貴了去了，巴掌大一小塊，沒一千塊錢根本買不到。如果是頂級貨，大概能賣上萬元。

烏魚子貴是貴了點，人家的味道確實好吃：片成薄片，用噴槍烤，用酒精燒，或者抹上米酒，擱平底鍋裡煎一煎，火候恰到好處，又軟又糯又彈牙，入口即化，唇齒留香，王德臣稱之為「閩中鮮食最珍者」，真是一點都沒有誇大。

不過現存的宋朝飲食典籍中並沒有記載鯔魚的烹調方法，我們不知道韋太后愛吃的究竟是鯔魚的肉，還是鯔魚的卵。如果她愛吃鯔魚卵，我們也不能就此認為宋朝人已經掌握了加工烏魚子的方法，因為魚卵的吃法是有很多的，可以清蒸，可以煮湯，可以搭配雞蛋爆炒，未必非要先加工成緻密並且美觀的烏魚子，然後再拿噴槍來烤。

第五章

鄉間素宴

二月二挖野菜

司馬光講過這麼一段故事。

說是宋真宗晚年身體欠佳，百病纏身，不能正常上朝，好多軍國重事得不到及時處理，朝廷上下怨聲載道，大宋政權搖搖欲墜。

假如宋真宗是個好皇帝，他會主動退休，將大權交給年富力強的皇太子，自己退居幕後，安安生生養病，安安生生做太上皇。可惜他不是個好皇帝，他太戀權了，儘管他連批閱奏章的精力都沒有了，但他仍然死死地攥著手裡的玉璽，仍然牢牢地守著屁股下的寶座，絲毫沒有禪位的打算。

一個大臣勸他禪位，被罷官。另一個大臣勸他禪位，被流放。文武百官噤若寒蟬，誰都不敢做仗馬之鳴。這時候，宰相寇準站了出來。

寇準聰明，他知道直接勸諫沒有效果，所以他走曲線救國的路線：用偽造的天書來誘導真宗退位。

寇準跟宋真宗最寵信的太監周懷政合夥謀劃，假造了一份天書，天書上寫著晦澀難懂的「預言」，大意是皇帝戀權則年歲不永，新君即位則福壽綿長。過了幾天，周懷政在「無意」中「發現」了這份天書，將其獻給真宗皇帝。真宗非常迷信，一瞧天書上寫的預言，當即就宣佈說：為了大宋社稷，同時也為了寡人能多活幾年，朕決定把皇位傳給太子！

妙計奏效，寇準竊喜。

但是一個多月過去了，真宗還是沒有退位，寇準急了，托周懷政打探消息。那天是農曆二月初二，宋真宗上完早朝，用過早飯，讓兩個太監攙著，去後宮花園裡看娘娘們挖野菜，周懷政認為機會來了，他跑到真宗跟前，撲通一聲跪倒在地，直截了當地問：「皇上準備什麼時候舉行禪位大典？」真宗裝聾作啞。周懷政又問了一遍，「皇上在一個月前已經宣佈禪位，現在還沒有行動，是不是想食言啊？」真宗惱羞成怒，指著周懷政的鼻子，一連串地質問道：「你一個太監，有什麼資格過問國家大事？不怕朕砍了你的腦袋嗎？你一再逼朕禪位，是不是看朕活不長了？你是不是覺得太子遲早會即位，你想搶到擁立的功勞？你腦子裡難道全是功名富貴，就沒有一點忠君之心嗎？」

聽到這麼一大堆強詞奪理的誅心之論，周懷政差點崩潰，他從地上拾起一把挖野菜的小刀，扒開自己的上衣，一下刺進去一寸來深，鮮血不斷地噴射出來。宋真宗嚇壞了，如果不是有兩個太監扶著，他早癱成一堆了，他連聲問道：「你要幹嘛？你這是想幹嘛？」周懷政激動地說：「皇上懷疑我不忠，我要把心挖出來讓皇上看！」宋真宗趕緊讓侍衛把周懷政抬走包紮傷口，又喊太醫給自己調治，經周懷政這麼一嚇，他的病情又重了幾分。

這場風波過後不久，宋真宗就駕崩了。周懷政的傷情倒不算重，沒有死，可是皇后和皇太后聽說是他讓宋真宗受了驚嚇，立即以謀反的罪名殺了他。後來她們聽說寇準跟周懷政有來往，於是又罷了寇準的官。

聽完上述故事，細心的朋友可能會注意到兩個細節：第一，宋真宗受驚嚇那天是二月初二；第二，當時宋真宗正在後宮看娘娘們挖野菜。

現在問題來了：娘娘們錦衣玉食，要什麼有什麼，為什麼要挖野菜呢？為什麼偏偏在二月初二那天挖野菜呢？

答案很簡單，二月二挖野菜是宋朝風俗，只要是到了二月二，無論官民，無論貧富，都要去挖野菜，連皇帝和皇后都不例外。宋真宗當時是有病了，彎不下腰去，否則他也會衝進挖野菜的大軍，興致勃勃地挖上一籃。

我從文獻裡統計過，宋朝人常挖的野菜約有五種：

第一種是薺菜。

蘇東坡愛吃薺菜，他跟朋友寫信說：「今日食薺極美，天然之珍，雖不甘於五味，而有味外之美。」他很喜歡薺菜的味道（食薺極美），稱其為「天然之珍」，意思是野生的珍味，這種珍味是如此獨特，清鮮無比，以至於可以獨立於酸、甜、苦、辣、鹹等五味之外，單獨成為第六味。

蘇東坡還寫到了薺菜的做法：把薺菜擇洗乾淨，跟大米和生薑一塊兒煮，同時在水面上放一個蜆殼，蜆殼裡放一些菜油，小火燜煮，讓菜油慢慢蒸發，慢慢融入湯羹，等蜆殼裡的油乾了，薺菜羹也好了。

我嘗試過蘇東坡的做法，感覺並不太好，倒不如先熬米粥，再放薺菜，放少許鹽調味，最後灑兩滴小磨香油，更能突出薺菜的鮮味，而且還能保證薺菜的營養不會流失。

第二種是茵陳。

茵陳又叫白蒿，清肝明目，是中草藥的一種，葉片碧綠，細碎如繁星，個頭不高，剛開始匍匐在地，過了二月就變得細長，而且還會開花，一開花就苦得要命，不能吃了。宋朝長江以南，茵陳可能是人工種植的，到了江北就完全野生了。蘇東坡的好朋友黃庭堅年輕時在開封做官，每年正月底和二月初都要去市郊挖茵陳吃，他非常喜歡這種野生的食材，常常讓老婆用茵陳下麵條，稱之為「白蒿湯餅」。

茵陳做菜特別簡單，最簡單的方法是涼拌：弄一大筐茵陳，擇洗乾淨，不用去白根，擱開水鍋裡分批斷生[17]，撈出來放涼，略微擠一擠，去掉多餘的水分，切得細碎，用精鹽和香油一拌，嘖嘖，真是妙不可言。茵陳有青草氣，斷生仍然去不掉，假如你不喜歡這種

17 八分熟。

氣味，涼拌的時候再放些米醋和味精，就只有其鮮而沒有其青草氣了。

我媽今年六十有四，老太太從饑餓時代過來，吃了半輩子茵陳，她偏愛用茵陳做蒸菜：茵陳洗淨，不去根，不斬碎，拌少許麵粉和碎饅頭，放鹽若干，澆香油若干（防止黏連），搓勻了，攤在鍋箅[18]上，大火猛蒸，十分鐘出鍋，再澆幾滴香油拌一拌，盛到大盤子裡，用小湯匙挖著吃，既能當菜，又能當主食。

第三種是枸杞。

枸杞的果實是藥材，不是野菜，但枸杞的嫩苗卻是宋朝人常吃的野菜。

諸位讀者朋友想必都吃過薺菜，吃過茵陳的朋友應該也不少，但是有多少人吃過枸杞的嫩苗呢？我吃過，而且常吃，它的口感略微有些勁道，沒茵陳滑，沒薺菜鮮，卻比茵陳和薺菜甜，所以在我的老家豫東農村，枸杞苗另有一個可愛的乳名：甜甜芽兒。

我們吃甜甜芽兒，吃法仍然簡單，還是先焯水，後涼拌，比宋朝的吃法簡單多了。宋朝有個陳達叟，寫了一本《本心齋疏食譜》，其中歌頌枸杞道：「丹食累累，綠苗菁菁，餌之羹之，心開目明。」枸杞果是紅的，枸杞苗是綠的，果實可以入藥，嫩苗可以烹飪，怎麼烹飪呢？餌之羹之。餌之，指的是做餅；羹之，指的是做湯。據我猜想，宋朝人可能將枸杞苗切碎，或者做成菜湯，或者拌上食鹽和麵糊，攤成煎餅。

南宋養生手冊《奉親養老書》載有一種做法，是用枸杞苗煮粥：枸杞苗半斤，洗淨切碎，配粳米二斤同煮，煮熟以後，用蔥白、薑絲、食鹽和香油調味。我照方抓藥，感覺不錯，熬出來的米粥又香又滑，白粥裡點綴著細碎的青綠，賣相甚佳。

第四種是蒲公英。

蒲公英在宋朝俗稱「救荒草」，說明在春天青黃不接的時候，老百姓會用它果腹。

北宋沈括有一個表弟，名叫周清臣，寫過一本《救荒譜》，羅列可供食用的各種野菜，開篇就是蒲公英。他說蒲公英「耐饑益氣，生嚼無草氣」，這是經驗之談。確實，食用蒲公英之前無須焯水斷生，用鹽拌一拌，直接就能吃，沒有一點草腥氣。

我說蒲公英沒有草腥氣，指的是它的嫩苗，等它開了花就不行了，葉子變得很苦，莖稈變得很澀，即使焯水也難以下嚥。所以要吃蒲公英，最好在農曆二月開吃，那時候北方平原上的蒲公英還沒有開花。

第五種是苣蕒。

跟以上四種野菜不一樣，苣蕒的味道非常苦，從一出苗就是苦的，焯過水仍然很苦，所以宋朝人叫它「苦蕒」，現代人則叫它「苦苣菜」，在我的老家又被訛稱為「蛐蛐菜」。事實上這種野菜的樣子一點兒都不像蛐蛐。

---

18 平而有孔隙的竹器，墊在鍋底，以便蒸食物之用。

苣蕒燉肉

苣蕒雖苦，卻適合煨肉。當年司馬光回陝西講學，陝西父老用瓦盆盛苣蕒給他吃，其做法就是先用滾水斷生，略略減去苦味，再用肥肉煨煮。苣蕒去膩，肥肉去苦，兩種食材相生相剋，剛好可以做出一道風味絕佳的好菜。

東坡羹

孩子放暑假，帶他去山東濟寧玩了兩天。

我帶兒子品嘗當地小吃，小傢伙指著胡辣湯說：「這個我們開封就有。」又指著里脊夾饃說，「這個我也吃過。」搞得負責接待的大哥很沒面子。最後上了一道糝湯[19]，每人一大碗，他又嫌辣，喝了一小口就不喝了，專撈湯裡的羊肉吃。一碗糝湯無非就那麼幾粒羊肉丁而已，所以我兒子非常沒禮貌地評價道：「肉太少了。」為了教育他，同時也為了避免浪費，我咕嘟咕嘟喝完了他那碗糝湯。

那道糝湯其實是很好喝的，賣相也很好看。裡面有豆腐，雪白粉嫩的水豆腐，片成細細的薄片，吃起來滑滑的。湯是用羊骨和雞茸熬出來的高湯，湯色微黃，漂浮著幾粒肉丁，再撒上一小把切得細碎的薺菜。薺菜很鮮，豆腐很嫩，綠白相間，完全可以勾起食慾。最有特色的是，湯裡還有麥仁，也就是搗去硬殼的麥粒。我不知道這些麥粒是直接放在湯裡煮熟的，還是先煮熟然後再放進湯裡的，反正軟軟黏黏的，口感很Q，讓人聯想起臺灣珍

19　又名肉粥。

珠奶茶裡那些可愛的小粉圓。兒子之所以不喜歡這道湯，應該是因為放了太多胡椒粉，跟他缺乏歷練的味覺相抵觸。其實我們河南老家的胡辣湯也放有大量胡椒粉，而且麻辣味比之濟甯糝湯還要刺激。

糝湯並非濟寧獨有，山東另一座城市臨沂也出產糝湯，同樣是在高湯裡放一些蔬菜和穀粒同燉，糧食或為麥仁，或為米粒，或為稻穀，或為打碎的玉米。從名氣或者宣傳力度上看，臨沂糝湯或許更有名一些。我看網傳的一些宣傳資料，有人將臨沂糝湯的起源演繹成一個傳說：說是乾隆皇帝下江南，路過臨沂，嘗到一碗當時還沒有名字的糝湯，味道超棒，問地方官：「這是什麼？」地方官也不知道該怎麼命名，隨口答道：「這是什麼。」於是有了「什麼湯」這個名字。「什麼」字太俗，於是又有文人將其音譯成了「糝湯」。按臨沂方言，「糝」跟「什麼」發音是相同的。

為了宣傳某種小吃，人們往往會編造一些傳說，一是增強它的歷史感，二是渲染它的神秘感。這種惡俗的做法由來已久，俯拾皆是，幾乎每一個地方都能撞到，想躲都躲不開，照理說是不應該較真的。但是如果較起真來，那麼我們要說一句：糝湯的歷史絕對要比乾隆下江南早得多得多。

《禮記・內則》記載周天子八珍的做法，其中就有糝湯：「糝，取牛羊豕之肉，三如一，小切之，與稻米二，肉一，合以為餌煎之。」牛羊肉或豬肉切碎，與雙倍的稻米同煮，

糝湯

這跟現在的糝湯幾乎沒有什麼區別。《禮記》成書於漢代，說明至少在漢代就已經有了糝湯。

「糝」這個字本來的意思是把糧食弄碎，撒到菜羹裡去，所以古代糝湯裡面不一定非要有肉。同樣是成書於漢代的《說苑》記載孔子困於陳蔡時的窘境：「居環堵之內，席三經之席，七日不食，藜羹不糝，弟子皆有饑色。」孔子師徒住很小的房子，鋪很小的席子，連續七天吃不到主食，靠「不糝」的「藜羹」果腹，弟子們都餓壞了。藜即藜草，在我豫東老家俗稱「灰灰菜」，葉片很大，綠中透紅，可以吃，但又不經吃，淘好一大盆，一煮就剩一小團，小時候我媽給我煮灰灰菜湯，是一定要加進去大把粉絲的。孔子師徒沒飯吃，純用灰灰菜煮湯，不糝，也就是沒有糧食可以弄碎了放進湯裡，自然要挨餓。那時候如果端一碗不但有糧而且有肉的現代版糝湯送給孔子，老人家一定開心地叫起來：「啊哈，有糝自遠方來，不亦樂乎！」

孔子「藜羹不糝」的典故經常被後世文人引用，例如宋朝的陸遊就在詩作引用過很多次。其《考古》篇寫道：「莫報乾坤施，空驚歲月遷。藜羹安用糝，吾事本蕭然。」不要擔心時光流逝，不用擔心錢包變癟，有一碗灰灰菜湯就滿足了，何必再往菜湯裡放穀粒呢？其《放翁自贊》寫道：「皮葛其衣，巢穴其居。烹不糝之藜羹，駕禿尾之草驢。」穿麻布，住巢穴，吃沒有穀粒的菜湯，騎沒有尾巴的草驢。

乍一聽，陸游安貧樂道，樂天知命，不糝之湯成了他的精神象徵。事實上，只要是活人，就一定嚮往更加富足的生活，沒有誰可以真正幸福地安貧下去。陸游也曾經像陶淵明一樣辭官隱居，但是不到兩年就過上了坐吃山空的苦日子，趕緊跟周必大、虞允文等大佬寫信求饒，請求重新安排工作（即便是陶淵明，也做過同樣的事情）。他另一首詩《夏夜》暴露了這一點：「藜羹加糝美，黍酒帶醅渾。稚子能勤學，燈前與細論。」你瞧，跟不加穀粒的灰灰菜湯比起來，還是加了穀粒的糝湯更美啊！

據陸遊說，他最喜歡的糝湯是「薺糝」，也就是用薺菜和穀粒煮成的糝湯。有多喜歡呢？「薺糝芳甘妙絕倫，啜來恍若在峨岷。蓴羹下豉知難敵，牛乳抨酥亦未珍。」嘗一口這樣的糝湯，恍惚回到了峨眉山上，古籍裡描述的什麼千里蓴羹，什麼牛乳抨酥，統統白給。為什麼要說恍惚回到峨眉山上呢？因為這道薺菜糝湯是蘇東坡發明的，而蘇東坡老家離峨眉山不遠，所以當陸遊嘗到薺菜糝湯的時候，就仿佛東坡附體了一樣。

蘇東坡確實發明過薺菜糝湯，名曰「東坡羹」。《三蘇全書》有一篇《東坡羹頌》，還有一篇《菜羹賦並序》，全是他敘述並讚頌東坡糝的作品。我們只抄錄其做法如下：

東坡羹，蓋東坡居士所煮菜羹也，不用魚肉五味，有自然之甘。其法以菘，若蔓菁，若蘆菔，若薺，揉洗數過，去辛苦汁。先以生油少許，塗釜緣及一瓷碗。下菜沸湯中，入生米為糝，及少生薑，以油碗覆之。不可遽覆，須生菜氣出盡乃覆之。羹每沸湧，遇油輒下，又為碗所壓，故終不得上。不爾，羹上薄飯，則氣不得達而飯不熟矣。飯熟，羹亦爛可食。若無菜，用瓜茄，皆切破，不揉洗入醃，熟赤豆與粳米半為糝，餘如煮菜法。

做東坡羹不需要肉，不需要調味料，以白菜、蔓菁、蘿蔔、薺菜等蔬菜為主料，淘洗乾淨，下鍋煮湯。下鍋前，在鍋的邊沿和一隻瓷碗的碗底塗抹少許油。鍋裡添水，將水燒沸，然後下入蔬菜、米粒、薑絲。待蔬菜煮熟，將抹了油的那只瓷碗倒扣在鍋底。米菜同煮，本易沸溢，現在鍋邊有油，碗底有油，沸沫遇油則止，可以防止沸溢。待米粒也煮熟以後，糝湯即成。如果沒有蘿蔔、白菜、蔓菁和薺菜，用菜瓜和茄子也行，只切開，不醃漬，用煮熟的赤豆和粳米為糝。

說穿了，古人所謂糝湯，實際上就是菜羹與稀粥的混合體，蘇東坡版的糝湯亦然，只不過他不炒不醃，湯色與湯味或許更為自然。當然，他提前在鍋邊和碗底塗油的方法也值得讚賞。以前我煮小米粥，只懂得小火慢熬，以及在鍋心滴兩滴香油，自從讀了《菜羹賦並序》，才學會在鍋邊塗油，照此試驗，防溢效果甚佳。

我曾經詢問濟甯的朋友，得知當地除了有加了羊肉的糝湯，也有加了牛肉或豬肉的糝湯，甚至還有不加肉的素糝湯。據我看，素糝湯比肉糝湯更接近糝湯的歷史原型。東坡羹就是素糝湯的歷史原型：無魚無肉，不炒不醃，白水煮菜加煮粥，粥可果腹，菜可佐粥，既儉省又健康。

不怕諸位笑話，在東坡羹的基礎上，我發明了一種更為簡單更為儉省的糝湯。比如說早上煮的粥沒喝完，倒掉可惜，如果不倒掉，下次再加熱又會變澥[20]，很難喝，怎麼辦呢？最好的解決辦法就是廢物利用，做成糝湯：燒沸小半鍋水，放幾根青菜，再把剩粥倒進去，用勺子攪開，蓋嚴再煮沸，滴兩滴香油，澆一勺生抽或者蠔油，盛到碗裡，綠白可愛，鮮香可口。

20　糊狀物或膠狀物由稠變稀。

朱熹的茄子

要說朱熹，那可是大腕，人家是詩人、哲學家、理學大師，給宋朝皇帝上過課，還間接地給後來的明清皇帝上過課。他親手編訂並注釋的四書在元明清三朝成了科舉考試的法定讀本。他的道德觀念和思辨方式在中國產生巨大影響，同時也影響到了中國周邊的國家，例如日本和韓國。現在韓國的千元紙幣和五千元紙幣上面分別印著兩位韓國人的頭像，一位李滉，一位李珥，都是朱熹的私淑弟子。

令人感到意外的是，如此閃亮的一位大腕，在私生活上卻小氣得很。

朱熹在武夷山上辦書院，一位窮學生得了重病，沒錢醫治，請朱熹幫忙，朱熹卻把這個學生推給好朋友辛棄疾。眾所周知，辛棄疾是豪放派詞人的代表，詞風大氣，做人更大氣，二話不說，立馬掏出一大筆錢來幫人看病。

當然，老師只有教育學生的責任，沒有救濟學生的義務，朱熹不想資助患病學生，於情於理不算過分，可是他對待親戚朋友竟然也很小氣。小氣到什麼程度呢？再容我舉個例子。

宋光宗紹熙四年（一一九三），一位名叫胡紘的朋友去武夷山上拜訪朱熹，您猜朱熹是怎麼招待的？不買酒不割肉，「惟脫粟飯，至茄熟，則用醢浸三四枚共食。」（《四朝聞見錄》卷一）主食是脫粟飯，下飯菜是蒸茄子沾醋。

「粟」即稻穀，「脫粟」即去掉稻殼的稻穀，在我們河南俗稱「小米」。它是宋金時期河套地區老百姓的食物，南方人一向不吃，嫌它口感粗澀。記得在宋高宗紹興年間，金兵奔襲江南，被宋軍擊退，臨走時「遺棄粟米如山積」（《三朝北盟會編》卷二百四十六），丟下一大堆小米。而宋軍「多福建江浙人，不能食粟，因此日有死者」（同上），寧可餓死都不吃這種粗糧。朱熹倒好，用士兵餓死都不吃的小米「款待」胡紘，並且讓胡紘吃一道非常簡單非常粗陋的菜：蒸茄子沾醋。您說老胡能不生氣嗎？

胡紘吃得滿肚子怨氣，臨走時對朱熹的學生說：「此非人情，只雞、樽酒，山中未為乏也。」（《四朝聞見錄》卷一）這哪叫待客啊？就算山上沒有好酒好菜，給我來一隻雞和一壇酒總可以吧？學生們勸他息怒：算了算了，我們朱老師就這個脾氣，他節儉慣了，平日裡讓我們吃的飯菜也是小米飯和蒸茄子，並不是特意怠慢您。

若干年後，胡紘中了進士，當了御史，開始批鬥朱熹。怎麼批鬥呢？假如他說朱熹用小米和蒸茄子待客，肯定拿不出檯面。所以他就造朱熹的謠，說朱熹不孝，田裡產下新米，不讓自己的親娘吃，卻讓老太太吃長了毛的陳米。在他的鼓動下，朱熹被批倒批臭，朱熹的理學也被朝廷斥為「偽學」，此後很多年都沒能翻身。

這個故事告訴我們，一個人對自己小氣並不為過，但是對朋友小氣就有些危險了。

不過我想，胡紘之所以生朱熹的氣，可能並不全是因為朱熹小氣，還有可能因為朱熹端出來的飯菜太難吃。

小米倒無所謂，南方人不吃，北方人愛吃。按照我的胃口，無論蒸熟的小米飯，還是熬煮的小米粥，都很香嘛！蒸茄子也說得過去，我媽就愛吃蒸茄子：又大又紫的茄子，圓鼓鼓的，油亮亮的，沖洗乾淨，不去蒂，不去皮，直接放到籠屜裡蒸，蒸熟以後，取出放涼，然後切成絲，放到碗裡，撒點鹽，淋上一點醋，拌上一勺蒜泥，最後滴上兩滴小磨香油，用筷子一拌，嗯，濃濃的茄香中藏著一絲天然的甜味，好吃。

可朱熹是怎麼蒸茄子的呢？「至茄熟，則用醢浸三四枚共食。」也不知道他蒸的是圓茄子還是長茄子，是紫茄子還是綠茄子，反正不切不放鹽，也不拌蒜泥和香油，拎起茄子往醋裡蘸一蘸，居然就開始吃了。那是茄子，不是餃子，怎麼能這樣吃呢？別說胡紘，換成你我也受不了啊！

宋朝還有一位用茄子待客的歷史名人，名叫鄭俠，就是王安石變法那時開歷史倒車，畫了一幅《流民圖》去宋神宗那告王安石的刁狀，結果導致變法流產的那個小官。

鄭俠官階不高，思想守舊，但人品還是頂呱呱的。他從不貪污，從不腐敗，從不走後門，從不拍馬屁，所以沒有政治前途，告過王安石的狀沒多久，他就被宋神宗流放了。再後來神宗駕崩，哲宗即位，太皇太后垂簾聽政，想讓他繼續做官，又被執政大臣否決，只好捲舖蓋回老家，當了老百姓。

鄭俠是福建人，跟朱熹同鄉。由於他一輩子沒當過大官，又不貪污，所以沒有積蓄。可是他又特別愛熱鬧，喜歡朋友陪他下圍棋。他的孫子鄭嘉正跟陸游是好朋友，向陸游講過此公嗜好：「好強客弈棋，有辭不能者，則留使旁觀，而自以左右手對局，左白右黑，精思如真敵。白勝，則左手斟酒，右手引滿，黑勝反是。」（《渭南文集》卷二十四）朋友不跟他下圍棋，他就自己跟自己下，左手執白，右手執黑，像老頑童周伯通一樣左右互搏。如果左手贏了，就用左手倒酒，右手端起來喝；如果右手贏了，就用右手倒酒，左手端起來喝。你瞧，這是一個很會自得其樂的老頭。

下圍棋是很耗時間的，一局終了，飯時已到，他得管飯對不對？可他又沒錢，所以飯菜就比較簡單：「客至，介老必與飲，多不過五爵，食皆瓜茄而已。」（《調燮錄》卷中）朋友來家，鄭介老（鄭俠字介夫，故尊稱「介老」）一定陪著喝酒，但最多不超過五杯，下酒菜全是梢瓜和茄子之類的便宜菜。

同樣是用茄子待客，鄭俠的結局卻跟朱熹截然相反。朱熹到死也沒有摘掉「偽學」的帽子，去世之時乏人弔唁，因為大家怕受牽連，只有辛棄疾膽大如鬥，去靈堂上獻了一副挽聯。鄭俠呢？從獻《流民圖》一直到去世，從來沒人講他的壞話，越是到晚年，老頭的名聲越響亮。說到這裡我們不禁要問：這又是什麼原因呢？

糖醋茄

朱熹用茄子待客，那是出於小氣；鄭俠用茄子待客，那是因為沒錢。朱熹晚年被輿論圍攻，或許是因為他骨子裡確實有虛偽和假道學的成分；鄭俠始終盛名不衰，或許是因為他真情率性，表裡如一，兼沒什麼大理想大抱負，對他人構不成威脅。

但我還覺得，這當中未必沒有這種可能：朱熹不會烹調，茄子做得難吃，而鄭俠擅長烹調，能把平平常常的茄子做出很多花樣來，可以從腸胃上征服客人，不至於被人家記仇。當然，我這種推理很不靠譜，完全是以吃貨之心度君子之腹，讀者朋友聽了會笑掉大牙的。

為了彌補推理上的不足，請允許我從宋人文獻中抄錄幾條做茄子的食譜，以饗讀者。

食譜一，淡茄乾方：「用大茄洗淨，鍋內煮過，不要見水。擗開，用石壓乾。趁日色晴，先把瓦曬熱，攤茄子於瓦上，以乾為度。藏至正二月內，和物勻，食其味如新茄之味。」新摘的大茄子，洗淨，煮熟，搌乾，一掰兩半，用石板壓去水分。找幾塊瓦片，趁著大太陽天把瓦曬熱，再把茄子攤到瓦片上暴曬，曬成茄乾，可以保存到來年二月。什麼時候想吃，清水泡透，佐料拌勻，味道不輸於鮮茄子。

食譜二，糖醋茄：「取新嫩茄，切三角塊，沸湯漉過，布包榨乾，鹽醃一宿。曬乾，用薑絲、紫蘇拌勻，煎滾糖醋潑浸，收入瓷器內。」將嫩茄子切成三角塊，用滾水焯一下，細布包緊，擰出水分，鹽醃一夜，曬乾，用薑絲和紫蘇拌勻。然後呢？醋裡放糖，用小鍋煎到沸騰，趁熱潑到茄乾上，用瓷器貯藏。

食譜三，糖蒸茄：「牛奶茄嫩而大者，不去蒂，直切成六棱。每五斤用鹽一兩，拌勻，下湯焯，令變色，瀝乾。用薄荷、茴香末夾在內，砂糖三斤，醋半盅，浸三宿，曬乾，還滷。直至滷盡茄乾，壓扁，收藏之。」又大又圓的鮮茄子，不去蒂，切成六瓣，注意不要切斷。每五斤茄子撒一兩鹽，焯至茄子變色，撈出瀝乾。將薄荷葉和茴香粉撒到茄子瓣裡，再放在糖醋之中浸泡三天三夜。再撈出曬乾，回鍋煮熟，煮時加料汁。料汁收淨後，起鍋，壓扁，貯藏起來。

食譜四，鵪鶉茄：「揀嫩茄，切作細縷，沸湯焯過，控乾。用鹽、醬、花椒、蒔蘿、茴香、甘草、陳皮、杏仁、紅豆研細末，拌勻，曬乾，蒸過收之。用時以滾湯泡軟，蘸香油炸之。」茄子切絲，焯水，用多種佐料拌勻，曬乾，蒸透。客人到家，將乾茄絲泡軟，在香油鍋裡炸熟，味美如炸鵪鶉。

以上食譜均抄自《吳氏中饋錄》，有興趣的讀者可以一試。

榆樹宴

宋高宗建炎四年（一一三〇），金兵圍攻徐州。圍城之前，老百姓能逃的都逃了，城裡只剩下八千人，多半是兵，兩千官兵，五千民兵，一千老百姓。金兵人多，宋兵人少，宋兵不敢出戰，四門緊閉，吊橋高鎖，眼巴巴地等著朝廷發兵來救。

一天過去了，兩天過去了，救兵遲遲不到，守城的軍民坐吃山空，倉庫裡的糧食快吃光了，牆邊角落生長的野菜也快吃光了，還是沒有等到救兵。大家餓急了眼，開始爭搶食物，人性中惡的一面表現得淋漓盡致：官兵搶民兵的口糧，民兵搶百姓的口糧，百姓手無寸鐵，人數又少，哪裡搶得過啊？於是打開城門向金兵投降，金兵乘虛而入，徐州城就這樣淪陷了。

史書上描寫了徐州淪陷前夕的食物短缺程度：「城中絕糧，至食草木，有屑榆皮而食者。」（《建炎以來系年要錄》卷三十七）糧食和野菜都吃光了，開始有人吃榆樹皮，把榆樹皮磨成粉，當糧食吃。

吃榆樹皮並不稀罕，我爸我媽都吃過。聽我爸說，二十世紀六十年代，我們族裡上百口人，除了小孩，差不多都吃過榆樹皮。怎麼吃呢？把榆樹皮剝下來，砸掉外面的老皮，刮掉裡面的苦皮，留下中間那層嫩皮，撕成長條，擱鍋裡煮熟，盛到碗裡，慢慢放涼，然後再用筷子挑著往嘴裡送，呼嚕一口，呼嚕一口，跟吃川粉一樣。我爸說，榆皮煮熟後不苦，但是很韌，嚼不碎，只能拼命往下嚥，小孩食道細，可能會被噎到，所以不能讓小孩吃。我爸還說，榆皮散熱慢，比過橋米線[21]散熱都慢，你瞧著不冒熱氣了，心急去吃，能燙掉舌頭，煮熟的榆皮又很黏，想吐都吐不出來，我們村有個老頭就是吃榆皮燙死的。

南宋徐州軍民吃榆皮比較有耐心，如前所述，他們先把榆皮磨成粉，這可就費功夫了。明朝徐光啟《農政全書》記載了這種吃法：「榆皮刮去其上乾燥皴澀者，取中間軟嫩皮，銼碎曬乾，炒焙極乾，搗磨為麵，拌糠麵、草末蒸食。」將皴皮和苦皮去掉，中間的嫩皮用銼刀銼碎，先曬乾，再烘焙，等沒有一點兒水分了，磨成榆皮粉，拌上糠皮和草粉一起蒸熟。

榆樹皮中間的那層嫩皮叫作「榆白皮」，它除了能充饑，還能治病，主治小便不通，又有消毒和治療失眠的功效，所以可以做成保健食品。當然，榆皮畢竟乾澀難咽，除非餓極了，否則誰也不願意去吃它。

聰明的宋朝人為了充分利用榆皮的功效，將它熬成湯汁，並用這種湯汁來煮麵。南宋養生指南《奉親養老書》裡有一道榆皮索餅方，抄錄如下：

榆皮二兩，細切，用水三升，煮取一升半汁；白麵六兩，上溲面作之，於榆汁拌煮；下五味、蔥、椒，空心食之。常三五服，極利水道。

榆樹的嫩皮二兩（南宋一兩是四十克），切得細碎，用三升水（南宋一升約為六百毫升）來煮，多煮一會兒，煮到鍋裡的水只剩一半了，把榆皮濾掉，只留湯汁；小麥麵粉六兩，用剛才熬出來的榆皮湯和麵，做成索餅；再把剩下的榆皮湯燒開，將索餅下進去，煮熟撈出，拌上油鹽醬醋，拌上蔥花和花椒，空腹吃完。像這樣連續吃上三五回，有助於改善泌尿系統。

這帖榆皮索餅方屬於食療方，不再像饑餓時代那樣讓人吃樹皮，而是把樹皮裡對人體有益的汁液提煉出來，添加到麵粉裡，做成索餅讓人吃。

索餅是什麼東西呢？有些學者一知半解，以為索餅等於麵條。索餅當然是麵條，但它

---

21 用一大砂鍋單獨盛裝雞湯或豬骨湯，米線及其它配料另裝在其它容器中。吃的時候按照先生後熟的順序把輔料及米線放入湯內。

是最原始的麵條，它既不是拉成的拉麵，也不是桿成的切麵，更不是削成的刀削麵，它的做法非常粗放：將麵粉和成麵糰，揪成麵段，然後將麵段掐斷，搓細，搓成半尺來長、半指來粗的小圓柱就行了。這種簡陋麵條本是中亞遊牧民族的主食，漢朝以後傳入中原，在魏晉南北朝和隋唐時期曾經非常盛行，到了宋朝，由於桿切法橫空出世，更勁道更光滑更圓潤更細膩的現代麵條出現了，索餅一瞧不是對手，灰頭土臉地退居幕後，如今只在極少數牧區才能見到它的前塵舊影。

聰明的讀者朋友要質問了：既然索餅在宋朝已經退居幕後，為什麼當時的養生指南《奉親養老書》裡又出現榆皮索餅了呢？

其實宋朝的麵條像今天一樣多樣化，既有桿切而成的手桿麵，又有搓拉而成的熗麵（宋朝叫「水滑麵」），還有按壓而成的餺飥（類似西北麵食「貓耳朵」），同時還有用模具加工的花樣麵條（如梅花狀的「梅花湯餅」、荷花狀的「荷花湯餅」）。在以上種種麵條當中，手桿麵穩居首席，在北宋中原和南宋淮南占下大半江山，其他麵條則是見縫插針並茁壯成長，包括老派的索餅，偶爾也能在餐桌上迴光返照一兩回。

更重要的是，用榆皮汁液和成的麵團只能做成索餅，因為榆汁很黏，硬要桿切的話，麵團會牢牢黏住桿麵棍，故此最好用手沾水來搓。

在偉大的吃貨眼裡，榆樹一身都是寶，榆皮可以吃，榆葉可以吃，榆錢[22]可以吃，連榆樹的種子都可以吃。民國園藝家黃岳淵讚美榆樹：「可煮羹、蒸糕、拌麵，又可釀酒、造醬。」它能煮成菜湯，能蒸成糕點，能製成麵食，還能拿來釀酒和做醬，一棵普普通通的榆樹，簡直能做成一席頗有特色的榆樹宴了。

苦聰人[23]傳下來一首古老的歌謠，翻成漢語是這樣的：

地下長著的是菜，地上長著的是菜，
春天的花蕊是菜，夏天的綠葉是菜，
秋天的果實還是菜，
動就是肉，綠就是菜。

言外之意，凡動物都是肉，凡植物都是菜，動植物身上的每一個部分都能成為人類的食材。我覺得這首歌拿來形容榆樹是再合適不過的了。

榆樹皮做麵食，前面已經講過，下面我們談談怎樣用榆樹的其他部分製作美食。

榆樹的嫩葉適合燉湯。比如說燉排骨，出鍋前十分鐘放一把榆樹葉進去，既能提鮮，

22　榆樹的果實。在春暖時長出，一串串形圓薄如錢幣，故而得名。

23　分布於中國和越南的少數民族，現被劃入拉祜族中，目前主要居住在中國雲南中部的哀牢山一帶和越南。

又能去膩，還能讓湯色顯得好看。

榆樹的翅果適合蒸糕。榆樹的翅果就是榆錢，農曆三月初，榆錢剛長出，吃起來很甜，爬到樹上摘一筐，洗淨瀝乾，拌少量米粉，撒半斤白糖，加點香油，搓勻，按緊，鋪到蒸鍋上蒸熟，切成麻將塊，榆錢糕就做成了，翠綠色，半透明，如果放到冰箱裡凍一凍，尤其好看。

還是那筐榆錢，洗淨瀝乾，拌少量麵粉，撒上鹽，加點香油，搓勻了，打散了，攤到蒸鍋上蒸熟，無須切，即成榆錢飯。跟榆錢糕比起來，榆錢飯品相不佳，但口味一流，我覺得榆錢特有的鮮味是必須靠食鹽才能激發出來的。

仍然是那筐榆錢，洗淨瀝乾，多拌麵，少放鹽，捏成窩頭[24]，蒸熟了沾著黃豆醬吃，能從舌尖鮮到你的腳後跟。榆錢窩頭是我的最愛，每年二月下旬和三月上旬必吃十幾回，直到榆錢老了，不適合吃了，才戀戀不捨地罷休。

其實榆錢老了也能吃，不過那時候吃的已經不是榆樹的翅果，而是翅果裡面的種子了。

榆錢在枝頭待的時間很短，最多一個月，它就會發黃、變乾，暖風吹過，紛紛飄落，落到地上，掃起來，剝開兩翅，能看見很小的種子，灰褐色，形狀不規則，乍一瞧好像老鼠屎。就是這種像老鼠屎一樣的榆樹種子，在宋朝曾經備受寵愛，人們除了用它入藥，還用它釀酒和做醬。

榆皮索餅

榆樹的種子怎麼能釀酒和做醬呢？

北宋蘇頌編寫《本草圖經》，寫到了用榆仁釀酒的方子。榆錢飄落以後，搜集起來繼續攤曬，曬到極乾，用手一搓，翅膀就碎了，再用風一吹，種子就留下來了。將種子洗淨曬乾，搗成粉末，與白米同蒸，然後攤涼、拌麴、封缸、發酵、加水、過濾，得到的酒液就是榆仁酒。這種釀酒工藝在今天還有遺留，據說已經被列入非物質文化遺產名錄。

宋朝人還學會了用榆仁來做榆仁醬，方法如下：

榆仁十斤，淘洗乾淨，用清水浸泡兩天兩夜（或者小火慢煮一個時辰）。泡軟以後，使勁搓洗，將外面的硬皮搓掉，撈出來瀝乾。

辣蓼草一小把，煮半個時辰，熬成一碗蓼汁。把蓼汁灑到榆仁裡，攪拌均勻，攤開曬乾。曬乾以後，

24 也稱窩窩頭，空心錐形狀，是在中國北方由玉米粉所製成的一種饅頭。

再熬一碗蓼汁，再拌入榆仁，再攤開曬乾……，如此這般連續十次，保證每一粒榆仁裡都被蓼汁浸透。

麵粉六斤，與榆仁一起拌勻，上籠蒸熟，攤放在露天而且乾燥的地方，蓋上稻草或者大麻葉，直到榆仁上長出一層薄薄的黃衣。

洗去黃衣，搗碎榆仁，加入四斤細鹽、十六斤清水，攪拌均勻，封缸保存。五十天以後開缸，榆仁醬做好了，醬香內斂，非常下飯。

槐樹宴

年年過初夏，年年吃槐花。

春夏之交，豫東平原上的槐樹剛剛吐蕊，花苞很小，又白又嫩，一串串掛在枝頭，在黃黃綠綠的槐葉叢中若隱若現，湊近了瞧，每一粒花苞都跟古代少女裹的小腳似的，這個比方比較變態，但是槐蕊的形狀確實像極了小腳。我曾經從網路上下載舊時女子纏足的照片，用 photoshop 把小腳部分抓出來，再縮小十倍，跟尚未綻放的槐花作對比，越對比越覺得像。不光我覺得像，我老婆也這樣認為，所以她稱槐蕊叫作「槐腳兒」。

找一架竹梯，爬到槐樹上，把槐腳兒摘下來，摘到柳筐裡，洗乾淨，加鹽，撒麵，打兩個雞蛋，拌勻，攤成薄餅，用平底鍋煎。煎的時候油可多放一點，開小火，多煎一會兒，把底面煎黃，翻一下鍋，煎另一面，煎得槐腳兒滋滋作響，一股股白氣裹著鮮香直躥鼻樑。

槐腳兒煎餅，簡稱「槐餅」。槐餅可以直接吃，也可以再回鍋繼續加工。比如說，把剛才煎好的槐餅切成菱形塊，配青菜同炒，青菜翠綠，槐餅金黃，黃綠相間，又香又鮮。或者把槐餅撕成小片，用澱粉勾薄芡，鍋裡放油少許，先用胡椒熗一下鍋，完了把胡椒鏟出來，倒入槐餅，翻炒兩三下，再倒入芡汁，澆上米醋，蓋上鍋蓋，改小火燜一會兒，停火出鍋，盛到白瓷盤裡，湯汁明亮，槐餅有鯽魚的味道。

槐腳兒適合煎著吃，也適合蒸著吃，甚至還能做成沙拉。

蒸比煎更簡單。槐腳兒洗淨，瀝乾水分，加鹽，稍微撒上一些麵粉和一點玉米粉，再滴上兩滴小磨香油，拌勻了，攤到蒸鍋上，大火猛蒸，最多十分鐘就可以起鍋。蒸熟的槐腳兒仍然潔白鮮嫩，不怎麼香，但是很鮮很甜，比起油煎的槐花餅來，它保留了更多的鮮味。

槐腳兒可以生吃，但是略微有那麼一點點生草氣，胃口弱的人可能不喜歡，要想去掉生草氣，還得在滾水裡焯一下。焯水要勻，時間要短，用大漏勺盛著入鍋，在咕嘟嘟翻滾的開水裡稍微晃那麼三四下，趕緊撈出過水，最後把水擠掉，放到沙拉盆裡打散，澆上小半碗醬汁，是一道很爽口的下酒菜。

我愛吃槐餅，也愛吃蒸槐花和槐花沙拉，而且我覺得這三樣佳餚都可以下酒。槐餅是濃香型，適合佐白酒；蒸槐花是清香型，適合佐黃酒；槐花沙拉鮮甜爽口，適合佐啤酒。

槐腳兒很鮮嫩很好吃，蒸煎涼拌都相宜，可惜它作為花苞的時間非常短，三天不到就綻放了，五天不到就完全綻放了，然後最多再過半個月時間，完全綻放的槐花就會變乾變黃，從枝頭上飄落下來，零落成泥碾作塵，不能吃了。好在綻放了的槐花也能吃，只要它還沒有落地，就可以做我們的口中食。

根據我的經驗，綻放了的槐花口感變硬，鮮味變淡，只適合煎成餅，不適合清蒸和涼拌。煎槐腳兒可以少放麵，只要能保證煎餅成型，翻鍋的時候不至於散開，麵放得越少，越能突出槐腳兒的鮮味。但是當它綻放以後再煎，就必須多放麵粉了，最好再摻點兒黃豆粉，不然煎不成型，一翻動就爛了，既難看，又不容易煎勻，裸露在外的槐花都煎黑了，裡面的槐花還沒有煎熟。

我寫上述文字的時候已經過了五一勞動節，槐腳兒早就完全綻放了，為了能多吃一陣子，我把那些完全綻放的槐花摘下來曬乾，曬了二十來斤。

曬槐花需要技巧，直接曝曬絕對不行，會生蟲，甚至會在暴曬過程中爛掉。為了不讓槐花爛掉，攤曬之前最好煮一煮，把槐花煮熟，攤涼，放到舊式洗衣機的脫水桶裡甩淨水分。

煮熟的槐花白綠相間，非常好看，一曬就變得難看了。在這個季節，太陽地裡曬槐花，最多三天就能曬乾，第一天顏色變暗，第二天顏色變灰，第三天曬得又灰又黃，本來挺舒展的槐花縮成一團，跟得了絕症似的，要多醜有多醜。醜歸醜，吃起來照樣風味絕佳。比如說想蒸一鍋素包子，OK，先來二斤乾槐花，用清水泡上，槐花慢慢地舒展開了，撈出來，擰乾水分，加鹽加油加味精，簡簡單單調味，嗯，這種包子餡鮮甜爽口。

我是研究宋朝飲食的，根據我的考證，宋朝人應該不吃槐花。不信您去查查留存於世的宋朝飲食文獻，不管是《吳氏中饋錄》還是《山家清供》，不管是《東京夢華錄》還是《武林舊事》，都沒有提到跟槐花有關的美食。我曾經花費三年零四個月時間把《宋史》通讀一遍，也沒有見過關於食用槐花的記載。

槐花如此美味，宋朝人幹嘛不吃呢？我覺得跟槐樹的品種有關係。我們現代人吃槐花，吃的全是洋槐花，不是國槐花，而宋朝恰恰只有國槐，沒有洋槐。

洋槐又叫刺槐，國槐又叫家槐，這兩種槐樹的葉子長得差不多，只不過刺槐的枝條上有刺，家槐的枝條上無刺，刺槐的樹皮又粗又皴，家槐的樹皮相對光滑，刺槐一般開白花，家槐一般開黃花，刺槐的種子又小又扁，俗稱「槐籽」，家槐的種子又大又圓，俗稱「槐豆」。拋開這些形態上的區別不談，從我們吃貨的眼光來看，刺槐和家槐的最大不同就是一個能吃，一個不能吃：刺槐開的花無毒，可以食用；家槐開的花有微毒，不適合食用。

國槐是土著，中國自古就有，而刺槐卻是新移民，它從海外抵達中國的時間還不到三百年。所以我覺得宋朝人民真沒福氣，他們吃不到無毒的刺槐，只能跟有毒的國槐打交道。

說國槐有毒，僅指它的花，國槐的葉子仍然可以吃。南宋林洪在《山家清供》裡寫到一款「槐葉冷淘」，就是用槐葉做的。初夏時節，從國槐上採摘最嫩的葉片，先焯水，再搗碎，擠出碧綠的汁液，用來和麵，做成麵條。麵條煮熟，過冷水，撈到盤子裡，用醬做澆頭，再撒幾片焯過的槐葉做裝飾。由於和麵時摻了槐汁，所以麵條是綠色的，所以這道麵食在元朝人編寫的生活指南《居家必用事類全集》中又被叫作「翠縷麵」。

宋人食譜中還有一款「槐芽溫淘」，也是用槐葉做的麵食。何謂「槐芽」？國槐的嫩苗是也。深秋時節，搜集國槐的種子，曬乾之後保存起來，來年春天與高粱同時播種，每兩畦高粱當中插播一畦國槐，待槐苗長到一尺來長，掐掉樹頭，讓它只發側枝。高粱長得快，槐苗長得慢，高粱遮住了陽光，槐苗見不到太陽，葉片很嫩，枝條也很嫩，待側枝長到半尺左右，一一剪下來，連枝帶葉一起剁碎，搗成菜泥，拌以麵粉，加鹽若干，和成麵團，鬆弛一天，拉成拉麵，煮熟，不過水，即成槐芽溫淘。

曾有人問蘇東坡：「天底下什麼東西好吃？」蘇東坡一口氣說了好幾樣：「爛蒸同州

羔，灌以杏酪，食之以匕不以箸；南都撥心麵作槐芽溫淘，糝以襄邑抹豬；炊共城香稻，薦以蒸子鵝。」（朱弁《曲洧舊聞》卷五）陝西渭南的蒸羊羔，澆上杏酪，不用筷子夾，只用小湯匙挖著吃；河南商丘的撥心麵，做成槐芽溫淘，用睢縣紅燒肉做澆頭；將豫北輝縣的香稻米蒸熟，配著蒸子鵝吃……。

蒸子鵝、蒸羊羔、紅燒肉、香稻米，個個是美味，而槐芽溫淘能躋身其中，說明它的味道肯定也是一流的。

在饑餓時期，國槐的樹皮也可以吃。北宋末年，金兵圍攻開封，城中食物困乏，槐葉被摘光了，饑民開始吃槐皮。槐皮不同於榆皮，它太硬，煮不熟，嚼不爛，直接吃下去能把人噎死，所以需要曬乾砸碎，磨成粗粉，摻著雜糧吃。

我吃過一回槐皮。二〇一一年初春，我去豫北大伾山太平興國寺小住，剛好當地搞廟會，山上山下人山人海，連寺廟門口都擺滿了小吃攤，其中一個小攤上賣的是「槐皮餄餎」，據說小孩子吃了能祛除肚子裡的蛔蟲。我既好奇又饞嘴，買了一碗嘗嘗，一股濃濃的羊肉香，想像中槐皮的怪味絲毫沒有。

這道小吃做法如下：

從國槐的枝條上剝取嫩皮，曬乾，碾碎，磨成麵，加鹽，加水，摻入麵粉和小米麵，和成麵團，把麵糰塞進餄餎床子，使勁一壓，小指頭粗細的圓柱狀麵條撲通撲通掉入開水鍋，煮熟撈出，不過水，拌羊肉澆頭。

綠豆粉絲

陳達叟，南宋人，他有一位老師，姓名失考，號「本心」，自稱「本心翁」。本心翁應該是個老頭，很高雅的老頭。為什麼這樣說呢？因為陳達叟描寫這個老頭的日常生活時，用了一段非常高雅的文字：

本心翁齋居宴坐，玩先天易，對博山爐，紙帳梅花，石鼎茶葉，自奉泊如也。客從方外來，竟日清言，各有饑色，呼山童，供蔬饌，客嘗之，謂無人間煙火氣。問食譜，因口授二十品，每品贊十六字。

本心翁清心寡慾，在家閒居，研習《易經》裡的先天卦象，面對香爐上的縷縷青煙，紙屏風上畫著梅花，石茶壺裡煮著香茶，小日子過得淡泊而自在。有出家人來拜訪他，兩人談玄論道，解經說禪，聊了一整天，都餓了。本心翁吩咐僕人下廚燒菜，用幾道家常飯招待客人。客人讚不絕口，誇這些菜沒有一點兒人間煙火氣，簡直就是神仙才能享用的美味，並向本心翁請教做菜的秘訣。本心翁不藏私，口授了二十道食譜，每道食譜還加了十六個字的評語。

這個老頭讀著《易經》，品著香茗，心在六道之外，身在紅塵之中，懂得怎麼燒菜，還能用優美的文辭將燒菜的過程講出來。如此高雅，如此博學，如此精緻，如此好玩，活脫就是一個宋朝版的王世襄[24]嘛！

現在讓我們看看這位宋版王世襄都給客人口授了哪些食譜。

第一道，啜菽：「菽，豆也，今豆腐條切淡煮，沾以五味。」也就是說，第一道是五香豆腐乾。

第二道，羹菜：「凡畦蔬，根、葉、花、實皆可羹也。」菜畦裡長的菜，無論是菜根、菜葉、菜花、菜實，只要能吃，都可以拿來煮成菜湯。這第二道，其實就是菜湯。

第三道，粉糍：「粉米蒸成，加糖曰飴。」糯米粉加糖，做成糕點。

第四道，薦韭：「四之日蚤，豳風祭韭。我思古人，如蘭其臭。」文辭很典雅，還引用了《詩經》，但說穿了無非就是韭菜。

24　王世襄，字暢安，北京人，祖籍福州，中國文物收藏家、鑒賞家。

第五道，貽來：「來，小麥也，今水引蝴蝶麵。」水引蝴蝶麵，應該是一種花式麵條。

其餘呢，第六道「玉延」即蜜汁山藥，第七道「瓊珠」即龍眼荔枝，第八道「玉磚」即烤饅頭片，第九道「銀齏」指的是醃菜，第十道「水團」指的是湯圓，第十一道「玉板」指竹筍，第十二道「雪藕」一種蓮藕，因其色白如雪而得名，第十三道「土酥」是蘿蔔羹，第十四道「炊栗」是蒸板栗，第十五道「煨芋」是烤芋頭，第十六道「采杞」是枸杞苗，第十七道「甘薺」是薺菜，第十八道「綠粉」是綠豆粉，俗稱冬粉，第十九道「紫芝」是蕈菇，第二十道「白粲」是白米飯。

菜羹、米糕、韭菜、麵條、五香豆干、蜜汁山藥、烤饅頭、烤芋頭、綠豆粉、枸杞苗……，這些食物都是很尋常的食物，本心翁所口授的做法也都是很尋常的做法。但是經陳達叟徵引經典，形諸文字（一說是本心翁親自撰寫，陳達叟只負責編輯成冊），本來很尋常的食物開始登堂入室，本來很尋常的做法變得古色古香。文人寫吃，大抵如此，看上去妙筆生花，讀上去膾炙人口，真的讓他去做，或者真的按照他所描述的做法去做，往往不如受過訓練的專業廚師。作為一個寫吃的文人，我對此還是深有體會的。

實在講，文人寫吃的文學意義遠大於實踐意義，而古代文人寫吃，其歷史意義可能又大於文學意義。就拿本心翁口授的第十八道食譜「綠粉」來說吧，做法就八個字：「綠豆粉也，鋪薑為羹。」綠豆粉若干，配上薑，做成湯。具體用多少綠豆粉？要配多少薑？薑是切片、切段、切絲還是切末？加鹽還是加糖？做成甜湯還是鹹湯？綠豆粉直接撒在鍋裡嗎？需要先調糊嗎？從這八個字上統統看不出來，所以這道食譜根本就沒有實用價值。

但是在八個字的做法下面還有十六個字的評語：「碾破綠珠，撒成銀縷，熱蠲金石，清澈肺腑。」將綠豆磨成粉，做成粉絲，頗具清熱解毒之功效。古代士人不懂現代醫學，為了壯陽或益壽，亂服硫黃、雄黃、胎盤、石鐘乳之類，一不小心吃錯了藥，上吐下瀉，目眩頭昏，趕緊來一碗綠豆湯，或者吃一盤綠豆粉絲，有助於解毒。您看，這十六字評語鑾押韻（按中古音，銀縷的「縷」與肺腑的「腑」是押韻的），節奏鏗鏘有力，很有文學之美對吧？而我們還能從十六字當中讀出古人服用丹藥後用綠豆解毒，以及最遲在宋朝就已經出現綠豆粉絲的知識點，說明它的歷史價值尤為重要。

有人說，「碾破綠珠，撒成銀縷」是指加工綠豆芽，並非加工綠豆粉絲。這話不值一駁——如果是加工綠豆芽，幹嘛要「碾破」呢？綠豆碾破了還怎麼發芽呢？這八個字分明是加工粉絲的過程：先將綠豆泡軟，磨成漿，過濾，發酵，取粉，加水打勻，做成麵糰，然後把麵糰放入鑽有細孔的大瓢中，拍拍打打，讓絲絲縷縷的條狀物體落到沸水裡凝固成型，再撈出來，冷凍，晾曬，抖散，打包，一束一束潔白如玉、晶瑩剔透，堪稱「銀縷」，可以清熱的綠豆粉絲就做成了。

綠豆粉是好東西，它富含直鏈澱粉，是做粉絲的最佳材料，同時還能加工成涼粉、粉皮和粉條。我在家做過綠豆涼粉：將綠豆泡軟，用一台網購的廉價手磨慢慢去磨，磨成豆漿，用紗布濾去豆渣，將濾過渣的純豆漿倒進盆裡慢慢沉澱，上面是一層清水，盆底就是綠豆澱粉。倒去清水，取出澱粉，加涼水攪成粉糊，再把粉糊倒進已經燒開的水鍋裡，一邊煮，一邊快速攪動，鍋裡的粉糊會越來越稠。停火出鍋，盛到盆裡，讓它自然冷卻成形，就是一盆綠豆涼粉，你可以切片涼拌，或者加料翻炒，味道都蠻爽口。

綠豆粉皮也很好做。還是剛才通過磨漿、濾渣、沉澱等工序獲得的綠豆澱粉，還加涼水攪成稀糊，舀一點放到一個大盤子裡。這盤子越大越平越薄越好，如果家裡有做腸粉[25]的不銹鋼大盤，可以拿來用。燒一大鍋水，把大盤放到水裡，輕輕捏住兩邊的盤沿均勻晃動，盤子裡的綠豆糊很快就會變成一張又白又透明的粉皮。

綠豆粉條我沒做過，見人家做過，看上去比做粉絲和粉皮還要簡單得多。綠豆漿磨好，不用濾渣，不用沉澱，盛到一個仿佛給蛋糕拉花用的拉花袋裡面，往抹了油的平底鍋上一圈一圈地擠。綠豆漿流到鍋面上，蓋上鍋蓋，燜半分鐘，完全凝固，用木鏟一提一卷，全是香噴噴的綠豆粉條。

宋朝盛產綠豆，宋真宗還曾經派遣使者去印度求購綠豆良種，當時綠豆的吃法和加工方法應該是豐富多彩。北宋呂元明《歲時雜記》載：「京人以綠豆粉為蝌蚪羹。」純綠豆澱粉調成糊，用漏勺漏成半透明的麵魚兒，煮熟撈出，過水拔涼，盛到碗裡，澆上高湯，配香菜，滴香油，再來一勺醋，爽口！宋朝風俗寶典《東京夢華錄》與《夢粱錄》中常見一種名為「兜子」的小吃，按《居家必用事類全集》中收錄的兜子做法，做兜子必須用到綠豆粉皮：一張粉皮切成四片，分別鋪到四個碗裡，然後往碗裡填餡，捏成燒賣，上籠蒸熟。南宋林洪《山家清供》寫過一道「山海羹」，名曰羹湯，實際上是用羹湯將竹筍、蕨菜、魚蝦之類汆熟，拌以作料，做成蒸碗。蒸的時候，碗底鋪一張粉皮，碗口蓋一張粉皮，筍蕨魚蝦居中，出鍋晶瑩剔透，隔著粉皮可以看見裡面的內容。我猜想，做這道山海羹時用的粉皮很可能也是綠豆粉皮。宋朝沒有紅薯和玉米，不可能用紅薯粉皮和玉米粉皮，而小麥澱粉做的粉皮沒有綠豆粉皮透明，菜的品相會受到影響。

現在我們可以確信，宋朝人已經會用綠豆加工粉絲和粉皮，但是由於文獻匱乏，暫時還不知道他們會不會加工綠豆粉條。其實他們會不會加工都無關緊要，我們會就行了。目前市面上假貨氾濫，有些奸商從境外進貨，用幾分錢一斤的劣質木薯粉冒充幾塊錢一斤的綠豆粉，再加入明礬、明膠、硼砂和工業塑膠來加工所謂的綠豆粉絲，為了保命起見，我們還是回到自給自足的自然狀態，自己加工為妙。

25 一種使用米漿作成的廣東食品。

宋菜為何少胡椒

陳亮是南宋豪放派詞人，他的詞格局宏大，氣象萬千，不在辛棄疾之下。可惜的是，他沒有辛棄疾命好：辛棄疾飛黃騰達，官居一方諸侯，他卻無官無職，到老只能做小小的通判，而且還沒到任就死掉了。

陳亮之所以仕途坎坷，有兩方面原因。

第一，他太狂，比辛棄疾都狂，醉了敢罵皇帝：「醉中戲為大言，言涉犯上，……自以豪俠，屢遭大獄。」（《宋史》卷四百三十六《陳亮傳》）若不是辛棄疾救他，早死很多回了。

第二，他年輕時曾經牽涉一宗案子，有故意殺人的嫌疑。由於檔案有污點，所以一有任命就被否決，怎麼都過不去這個坎。

現在我們就來說說陳亮的那宗案子。

話說宋光宗紹熙元年（一一九〇），陳亮在浙江老家參加宴會，鄉親們敬他是讀書人，特意把胡椒粉撒到他湯碗裡，這可是當地農村招待貴客的禮節。陳亮懂得這個禮節，所以他連連感謝，三兩口就把胡椒湯喝完了。喝完酒，陳亮回家睡了一覺。還沒睡醒呢，就被捕快按住，上了手銬腳鐐。陳亮大怒，質問捕快為什麼抓他。捕快說：「昨天你有沒有跟×××、×××和×××在一起吃飯？」「有啊。」「為什麼×××他們都中毒死了，就你一個人活著？難道不是你投毒害死的嗎？」

就這樣，陳亮蹲了大獄，一蹲就是三年，中間有兩次差點兒被秋決，最後還是因為辛棄疾多方營救才保住小命。

這宗案子是疑案，自始至終沒能告破。照常理推想，陳亮不可能是殺人兇手，因為宋朝民間跟今天一樣流行共餐，席上眾人吃的是同樣的飯菜，陳亮如果在飯菜裡下藥，他自己也可能被毒死的，為什麼一起吃飯的人都死了，就他安然無恙呢？難道他事先服了解藥？好吧，就算是他投的毒，可他沒有作案動機啊！他為什麼要毒死那些拿他當貴客一樣招待的老鄉呢？

我覺得合理的解釋可能是這樣的：陳亮跟鄉親們喝酒那天，宴席上有些食材大概沒有處理乾淨，或者說已經腐敗變質了，結果導致了很嚴重的食物中毒，搞得賓客們一個個翹了辮子。為什麼陳亮沒有食物中毒呢？因為大夥在他的湯碗裡撒了胡椒粉，而胡椒是能解毒的。

關於鄉親們為陳亮撒胡椒那段，《宋史》是這樣敘述的：「鄉人會宴，末胡椒特置亮羹胾中，蓋村俚敬待異禮也。」將胡椒搗成粉，捏上一撮，撒進陳亮的湯碗，這是待客之「異禮」，表示特別地尊重，特別地歡迎。

我們現代人讀到這裡，肯定會覺得奇怪：胡椒有什麼稀奇？給點兒胡椒就能表達尊重和歡迎，這也太離譜了吧？

其實並不離譜。胡椒在今天無非就是一種調料，極其常見，極其普通，可是在歷史上，它卻曾經相當稀缺，相當貴重，相當受普通百姓乃至上流社會的追捧。

我們知道，胡椒的原產地不在中國，而在印度。西漢以前，中國有花椒，有川椒，沒有胡椒。張騫通西域以後，胡椒才從印度走進中國，但是其數量非常稀少，故此被帝王和貴族當成一種特殊的香料，甚至被煉丹的術士看作是一種延年益壽的靈丹妙藥，每天早上服幾粒，可以白日飛升。

與此同時，胡椒在歐洲也很受推崇。歐洲人把胡椒當成香料，上流社會不可缺少的香料，可是歐洲本土又不出產這種香料，全靠進口。阿拉伯人從印度進口胡椒，運到埃及，在埃及批發給義大利人，然後由義大利人轉運到威尼斯，在威尼斯批發給各地零售商，再幾經轉手，才能到達消費者手裡。路途遙遠，程式複雜，高昂的運費加上中間商的層層加價，胡椒不貴重才怪。據說在中世紀歐洲，胡椒曾經跟黃金等值，一個人做長途旅行，可以攜帶金幣，也可以攜帶胡椒，錢花完了，用胡椒付帳，肯定不會挨揍。後來哥倫布之所以要去發現新大陸，其主要原因就是為了尋找黃金和胡椒。

在中國的宋朝，海洋貿易空前興盛，胡椒的進口數量增加，運輸成本下降，但它畢竟還屬於進口貨，仍然是貴重物品。宋太宗即位後，曾經讓廣州地方官試種胡椒，但是產量極低，每年產量還不上百斤。

宋太宗淳化年間，朝廷列了一張「禁榷物」清單：玳瑁、象牙、犀角、珊瑚、乳香、胡椒。何謂「禁榷物」？禁止民間私自販賣的物品是也。胡椒能與玳瑁、象牙、犀角、珊瑚等高端奢侈品並列，說明它身價不菲。而朝廷禁止民間販賣胡椒，只許國家專賣，說明其中的利潤也相當之大。

宋孝宗乾道年間，廣州海關官員孫尚「將胡椒盜拆官封，出賣錢銀等物，侵盜入己」（《宋會要輯稿》），將本由朝廷專賣的胡椒拆封出售，獲取暴利，把錢財揣進自己腰包。結果呢？「大理寺斷合決重杖處死」（同上），被最高法院判處死刑：用大棍打死。

通過以上材料，我們可以想見胡椒在宋朝的重要性和稀缺性，也可以想明白陳亮的鄉親為什麼要通過撒胡椒粉的方式來向陳亮表達敬意了。

由於胡椒如此貴重，所以宋朝老百姓做飯一般不放胡椒。我手頭有一本《浦江吳氏中饋錄》，是目前所能見到的最全面最詳盡的宋朝民間食譜，該食譜收錄了七十六個條目，羅列了一百多道食物，其中只有一道「洗手蟹」使用了胡椒。

再看該書收錄的其他宋菜：

「炙魚」，指的是烤鯽魚，先用火烤，再用油煎，不用調料。

「水醃魚」，鯉魚切大塊，用鹽和酒糟來醃漬。

「肉鮓」，把豬腿肉或羊腿肉切成小塊，焯水，擰乾，用醋、鹽、草果、砂仁、花椒油拌勻。這道菜用了花椒，沒用胡椒。

「算條巴子」，把豬肉切成算籌（古人用來計數和解題的小竹棍）的形狀，用砂糖、宿砂、花椒粉拌勻，曬乾、蒸熟。這道菜仍然是只用花椒，沒用胡椒。

「蒸鰣魚」，鰣魚去腸不去鱗，拭淨血水，用花椒粉、砂仁、豆醬、黃酒和蔥花拌勻，蒸熟，出鍋後再去鱗。還是只用花椒，不用胡椒。

「造肉醬」，精瘦肉剁碎，加細鹽、蔥花、川椒、茴香、陳皮、黃酒拌勻，入壇，封口，在烈日下暴曬半個月，然後挪到陰涼處保存。這道菜用了川椒，沒用胡椒。

總而言之，我們把《浦江吳氏中饋錄》翻個遍，只能找到一道使用胡椒做調料的宋菜，其他無論是葷菜還是素菜，無論是麵點還是羹湯，統統沒有胡椒。

南宋晚期出了一位精通美食的大隱士，名叫林洪，此人著有《山家清供》，書中專寫各種清鮮食品的做法，提到了很多種調料，包括麻油、醬油、米醋、花椒、蒔蘿、酒糟，但是極少提到胡椒。唯一用到胡椒的是一道「山海羹」：主料為竹筍與蕨菜，焯水之後與魚蝦同煮，拌上綠豆粉皮，用醬油、麻油、精鹽、米醋和胡椒粉來調味。林洪在介紹完這道菜的做法之後，又評價道：「今內苑多進此，名蝦魚筍蕨羹。」說明這道唯一用胡椒調味的佳餚竟然還是出自宮廷。

順便說一下，林洪不喜歡川椒的辛辣。川椒是花椒的一種，但口感麻辣，今天俗稱「麻椒」，是川菜當中必不可少的調料，如麻辣雞塊、重慶火鍋，離開辣椒或許還行，離開麻椒就不是那個味道了。

宋朝已有川菜，時稱「川飯」，與「北食」、「南食」並列為三大菜系。那時候的川菜當然沒有辣椒，可是已經大量使用麻椒了。林洪是福建人，他鄙視川菜，所以對川菜有這樣的評價：「如新法川炒等制，山家不屑為，恐非真味也。」意思是說四川人愛用麻椒來料理雞塊，味道麻辣，奪去了雞的清鮮本味，實在不可取。林洪自己做雞，是用滾水汆燙，拔毛開膛，用鹽水、蔥段和花椒煮熟，撈出過水，用手撕開吃，絕不用麻椒爆炒。

但是林洪並不鄙視胡椒，他做的菜之所以少放胡椒，應該不是嫌棄胡椒的味道，而是因為胡椒的稀少。

豉湯與味噌

南宋杭州的風俗，到了冬天，各大茶樓除了賣茶和茶點，還有豉湯出售。

還是南宋杭州的風俗，每年正月十五，元宵節那天晚上，節令食品除了軟而糯的湯圓、甜如蜜的蜜餞、黏掉牙的麥芽糖，還有沿街叫賣的豉湯。

豉湯的豉，是指豆豉，所謂豉湯，當然是豆豉煮的湯。

豆豉怎麼煮湯呢？宋朝風俗寶典《歲時廣記》第十一卷有記載：「鹽豉、撚頭，雜肉煮湯，謂之鹽豉湯。」

鹽豉：鹹豆豉。

撚頭：麻花（一種油炸麵食）。

雜肉：加上肉。

又鹹又鮮的鹹豆豉，又香又脆的麻花，配上肉，煮成湯，叫作鹽豉湯。

古人寫食，偏於含蓄。換句話講，寫得太模糊，太簡略，讓我們這些後人搞不清楚具體做法。就拿這道「鹽豉湯」來說吧，原文提到要配肉，可是配什麼肉呢？配多少呢？生肉還是熟肉？瘦肉還是肥肉？肉片還是肉丁？肉末還是肉塊？什麼時候入鍋？入鍋前要不要先燙過？鹹豆豉用多少？入鍋順序是什麼？把豆豉排在麻花的前面？還是排在麻花的後面？除了豆豉、麻花、肉這些主料，是不是還有配料呢？食材搭配是不是只此一種呢？除了鹽豉湯，還有沒有其他款式的豉湯呢？

您瞧，這些相當重要的細節，這些可供我們復原宋朝豉湯的細節，人家統統沒寫。

宋朝活了三百多年，在此期間，經濟繁榮，文化昌盛，造紙術和雕版印刷術正處於空前發達的地步，各種詩集、文集、奏稿、唱詞、話本、食譜，大量出版，浩如煙海，可惜大部分毀於戰火。僥倖留存下來的文獻當中，只有一部《歲時廣記》記載了豉湯的做法，而且還記載得如此簡略。

相對而言，宋朝文獻關於豆豉的記載倒要詳細得多。

南宋食譜《浦江吳氏中饋錄》載有兩段文字，容我抄錄如下：

> 酒豆豉方：黃子一斗五升，篩去麵，會淨。茄五斤，瓜十斤，薑絲十四兩，橘絲隨放，小茴香一升，炒鹽四斤六兩，青椒一斤。一處拌入甕中，捺實，傾金華酒或酒釀，醃過各物。兩寸許紙箬紮縛，泥封，露四十九日。壇上寫「東」、「西」字型大小，輪曬日滿。傾大盆內，曬乾為度，以黃草布罩蓋。

> 水豆豉法：好黃子十斤，好鹽四十兩，金華甜酒十碗。先日，用滾湯二十碗，沖調鹽

做鹵，留冷，澱清，聽用。將黃子下缸，入酒，入鹽水，曬四十九日，完。方下大小茴香各一兩，草果五錢，官桂五錢，木香三錢，陳皮絲一兩，花椒一兩，乾薑絲半斤，杏仁一斤。各料和入缸內，又曬又打二日，將壇裝起。隔年吃放好，蘸肉吃更妙。

以上是「酒豆豉」和「水豆豉」的加工過程，但並非完整的加工過程，兩段文字都是從「黃子」開始寫起的，省略掉了前期加工黃子的步驟。

所謂黃子，是被米麴黴菌初步分解的糧食顆粒。比如說，隨便抓一把糧食，不管是大豆小豆還是大麥小麥，洗淨，泡軟，弄熟，晾乾，用布包緊，一個星期左右，會長出一層或黃或青的絨毛。那絨毛是黴菌的孢子，表明空氣中飄浮的黴菌正在糧食上快樂地繁殖，俗稱發黴。不管它，讓糧食繼續發黴，讓絨毛越長越多，直到每粒糧食都被厚厚的、黃黃的，像餅乾渣一樣疏鬆發脆的孢子裹住。然後把孢子搓掉，把糧食洗淨，倒掉發黃發臭的渾湯，得到的就是黃子。

好好的糧食，幹嘛要把它做成黃子呢？因為經過黴菌的繁殖以後，那些堅硬的外殼、難以消化的纖維素、不易分解的澱粉和蛋白質大分子，都被任勞任怨的微生物攻破了堡壘，為其他細菌的繁殖提供了便利，為下一步的生物化學反應奠定了基礎。

現在我們做豆醬，做豆豉，做醬油，做豆瓣醬，做麥醬，都要先做黃子，黃子做不好，後續工作就沒辦法進行。關於怎麼做黃子，元朝生活手冊《居家必用事類全集》裡有記載，這裡摘錄最詳細的一段：

黃豆不拘多少，水浸一宿，蒸爛，候冷，以少麵摻豆上拌勻，用麩再拌。掃淨室，鋪席，勻攤，約厚二寸許。淨穰草、麥稈或青蒿、蒼耳葉，蓋覆其上。待五七日，候黃衣上，搓揉令淨，篩去麩皮，走水洗淨，曝乾。

黃豆若干斤，泡透，蒸熟，放涼，先拌少許麵粉，再撒少許麥麩（「麩」在古代食譜中有兩種含義，有時指麥麩，有時指麵筋，這裡指麥麩）。找一間屋子，打掃乾淨，地上鋪席，將拌了麵粉與麥麩的熟豆子均勻攤到席上，攤兩寸厚。用乾淨的草棵或者麥秸當被褥，把豆子蓋得嚴嚴實實。五到七天後，掀開「被褥」，黃豆上面已經長滿黴菌的孢子。搓掉孢子，篩掉麥麩，將豆子洗淨，曬乾，它們光榮地成為合格的黃子，可以拿來做豆醬和做豆豉了。

用黃豆做黃子，為什麼要摻麵粉和麥麩呢？其實可以不摻，只要你弄熟的黃豆不含太多水分就行。如果不是蒸熟，而是煮熟，或者蒸煮時間過長，瀝乾時間過短，黃豆含水太多，最好還是摻點麵粉，降低含水量，這樣可以減緩黴菌的繁殖速度，免得黃豆變成又黏又爛又臭的一堆垃圾。至於摻麥麩，則有兩個好處：一是降低含水量，二是讓黃豆顆粒彼此不沾黏，疏鬆透氣，最後製成的豆豉完整耐看。

介紹完了黃子，我們再回過頭來探討前面抄錄的那兩段南宋食譜。那兩段描述的都是豆豉做法，一段寫「酒豆豉」，一段寫「水豆豉」。顧名思義，酒豆豉要用酒去醃，水豆豉要用水去醃，但是細看水豆豉的做法，其實跟酒豆豉差不多，也會用酒。

簡單說，酒豆豉是這樣做的：黃子篩淨，去掉麵粉、麩皮和殘餘的孢子，與茄子、菜瓜、薑絲、橘絲、小茴香、鹽、青椒等配料一起拌勻，入壇，澆入黃酒或酒釀，淹沒主料和配料，封罈，露天曬四十九天。曬之前，罈子外壁做兩個標記，一面寫「東」，一面寫「西」，今天讓「東」面朝陽，明天讓「西」面朝陽，如此這般有規律地挪動方向，讓罈子裡的熱量盡可能均衡分佈。待豆豉熟透，打開罈子，倒進大盆裡繼續暴曬，直到水分全部蒸發，搬入室內，蓋以粗布，可以長期存放。

做水豆豉時，第一道工序是煉鹽：使用滾水，把買來的粗鹽化開，慢慢澄清，讓泥沙沉底，只要上面乾淨的鹽水。黃子入缸，澆入鹽水和甜酒，封缸，跟酒豆豉一樣曬四十九天。然後開缸，放各種佐料，包括大茴香、小茴香、草果、官桂、木香、陳皮、花椒、乾薑、杏仁等。佐料入缸，一邊繼續曬，一邊攪拌，讓豆豉和作料均勻混合，好入味。兩天後，再次封缸，長期存放。

豆豉的主料是豆黃（大豆黴變生成的黃子），豆黃被黴菌分解過，再密封保存，被厭氧的乳酸菌繼續分解，釋放出幾十種乃至上百種芳香烴，產生出鮮爽醇美的乳酸和穀氨酸。聞著香，吃著鮮，開胃，爽口，助消化，這就是加工豆豉的原理，也是豆豉好吃的原因。宋朝人未必懂得這種科學知識，但他們製作豆豉的方法與科學暗合。

必須說明的是，豆豉決非宋朝人發明。按文獻記載，至少在魏晉時期，豆豉工藝就已經相當成熟，並且東傳而入朝鮮半島和日本列島。在學會中國豆豉工藝的基礎上，韓國人創造出他們引以為豪的「大醬」，日本人創造出他們必不可少的「味噌」。

韓國人和日本人都非常善於學習，他們現在製作的大醬和味噌，跟我們現在最熱銷的豆豉品牌比起來，至少在歐洲人和他們自己人的心目中，無論口味還是名氣，都毫不遜色，甚至猶有過之。

就像巴蜀地區的人民喜歡用麻椒跟各種食材搭配，創造出各式各樣的火鍋一樣，日本人也喜歡用味噌跟各種食材搭配，創造出各式各樣的味噌湯。我忍不住認為，日本的味噌湯應該就是源於宋朝的豉湯。可惜的是，文獻中的豉湯品種過於單一。

南宋養生小冊子《奉親養老書》收錄一道麵食做法：用雞蛋和麵，桿成麵條，直接在豉湯裡煮熟。

豉湯鹹而鮮，無須其他作料，即可讓麵入味。但是，直接用豉湯煮麵，實在是很不科學的做法，豆豉長時間加熱，芳香物質會大量散失，不如像日本人做味噌湯那樣，先將飯菜煮熟，再把味噌放進去。

第六章

果品與甜點

黃蓉的果盤

《射鵰英雄傳》第七回，黃蓉跟郭靖頭回見面，讓郭靖請客。

郭靖喊來店小二：「快切一斤羊肉、半斤羊肝來！」黃蓉卻說：「別忙吃肉，我們先吃果子。先來四乾果、四鮮果、兩鹹酸、四蜜餞。」郭靖聽傻了，店小二也嚇了一跳：「要些什麼果子蜜餞？」黃蓉冷笑道：「這種窮地方小酒店，好東西諒你也弄不出來，就這樣吧，乾果四樣是荔枝、桂圓、蒸棗、銀杏。鮮果你揀時新的，鹹酸要砌香櫻桃和薑絲梅兒，不知這兒買不買得到？蜜餞嘛，就是玫瑰金橘、香藥葡萄、糖霜桃條、梨肉好郎君。」

四乾果、四鮮果、兩鹹酸、四蜜餞，黃蓉一口氣點了十四個果盤。而店家準備這些果盤時，必須要用到荔枝、桂圓、棗子、銀杏、櫻桃、梅子、金橘、葡萄、桃子、梨子。掰指頭數一數，總共九種水果。

現在聽起來，這九種水果沒什麼了不起，隨便哪個水果店或者大型超市都能買齊。如果嫌麻煩，還可以上網下單，無論北方水果還是南方水果，無論國產水果還是進口水果，網路上應有盡有，只有你想不到的，沒有你買不到的。

問題是，黃蓉點菜的時代屬於南宋，距離現在七八百年。而她點菜的季節又是冬天，北方鮮果早已下架。更要命的是，她和郭靖身處張家口，那是中原與塞外的交界，是大金國的地盤，買牲口方便，買水果太難。所以黃蓉點到「砌香櫻桃」和「薑絲梅兒」時，順嘴奚落了一下店小二：「不知這兒買不買得到？」言外之意，你們這兒窮鄉僻壤，買不到什麼好東西。

我能理解黃蓉的奚落。某年冬天某電視臺去我老家開封拍紀錄片，需要荔枝做道具，我找遍全城所有超市和水果攤，都沒有買到一顆哪怕是壞掉的荔枝，最後只好上網下單。導演姑娘感慨道：「生活在小地方真是不方便，在我們北京，什麼都買得到。」半月後我進京錄節目，跟導演再次見面，仍然需要荔枝做道具，她讓實習生採購，實習生繞著四九城跑了一天，回來苦著臉彙報：「對不起，這個季節北京也不賣荔枝。」於是我長出一口氣，陰暗的心理得到了滿足。

黃蓉生在桃花島，那裡應該是南方，南方水果當然比北方豐富，但在宋朝也並非應有盡有，比如說木瓜和石榴，就是宋朝沒有的水果。

《詩經・衛風・木瓜》寫道：「投我以木瓜，報之以瓊琚。」姑娘從樹上摘下一隻木瓜，往年輕人懷裡扔去；年輕人從腰間解下一隻美玉，放到姑娘的手裡。這是周朝人民創作的情詩，說明周朝已有木瓜，宋朝當然更有，怎麼能說宋朝沒有木瓜呢？

原因很簡單，《詩經》裡的木瓜是我國土生土長的薔薇科木瓜，有短柄，像瓠瓜，星星點點懸掛在枝葉間，果皮硬，果肉酸，切開果肉，種子散佈在五角形的空間內，仿佛切開的蘋果。而我們現在吃的木瓜卻是番木瓜，體形偏長，像椰子一樣聚集在樹幹上，碩果累累，芳香甜美。番木瓜是十七世紀從墨西哥引進的，所以宋朝的木瓜只能是土生土長的薔薇科木瓜。

薔薇科木瓜俗稱「宣木瓜」，能在北方種植，味道酸澀，宋朝人一般不生吃。怎麼吃呢？曬成木瓜乾，熬成木瓜湯，或者加糖加蜜，做成木瓜蜜餞。

榴槤也是外來水果，鄭和下西洋之前，中國古籍中從來沒有榴槤的影子。鄭和下西洋以後，他的兩個隨船翻譯分別寫了一本介紹東南亞風光的小冊子，一本是《瀛涯勝覽》，一本是《星搓勝覽》，都提到了榴槤的形狀、大小、味道和吃法。那時候，榴槤被寫成「賭爾焉」（有的版本誤寫為「賭爾馬」），是用漢語對馬來語的音譯。眾所周知，在馬來語中，榴槤的發音確實很像「賭爾焉」。

榴槤的果皮臭不可聞，所以鄭和的翻譯馬歡將榴槤描述為「一等臭果」、「若爛牛肉之臭」，但是「內有栗子大酥白肉十四五塊，甚甜美可食」，「其中更皆有子，炒而食之，其味如栗」。榴槤的果肉又大又多又甜美，連種子都能炒著吃，跟糖炒栗子一樣美味。

查《明史》、《清史稿》以及十三行貿易檔案，從鄭和下西洋到清朝末年，東南亞諸國的商船和朝貢隊伍源源不斷地將土產運抵中國，既有珍珠、玳瑁、象牙、珊瑚等珠寶，也有白檀、龍涎、胡椒、豆蔻等香料，還有魚翅、燕窩、海參、鮑魚等水產，甚至還有蘋果乾、香蕉乾、山竹乾之類的乾果，但是絕對沒有榴槤。推想起來，別說宋朝人，就連明清兩朝的人也不可能吃到榴槤（除非走出國門）。宋朝如果有榴槤，黃蓉真的未必敢吃，店小二膽敢捧出一個榴槤放到她桌上，她十有八九賞人家一個耳光，然後施展輕功逃之夭夭，不是怕還手，而是怕臭。

還有一種比榴槤還大的巨型水果，小則十幾斤，重則近百斤，比黃蓉都重。這種水果叫菠蘿蜜，同樣來自海外，但是比榴槤和番木瓜進入中國的時間早。按《隋書》、《酉陽雜俎》和《廣東新語》等史料的記載，它原產印度，南北朝時被一位名叫奚空的印度使臣帶到中國，種植在廣州的南海神廟。

元朝劇作家湯顯祖寫過一首《達奚司空立南海王廟門外》，敘述了菠蘿蜜傳入中國的傳奇故事：

司空暹羅人，面手黑如漆。
華風來入覲，登觀稍遊逸。
戲向撫胥口，樹兩波羅蜜。
欲表身後奇，顧此得成實。

樹畢顧歸舟，冥然忽相失。
虎門亦不遠，決撇去何疾。
身家隔胡漢，孤生長此畢。
猶復盼舟影，左手翳西日。

「暹羅」即泰國，湯顯祖缺乏地理知識，誤把達奚的老家當成了泰國。這位達奚很可能擁有南亞黑人的血統，皮膚漆黑，隨身攜帶著菠蘿蜜種子，漂洋過海來到廣州。他下船登岸，留個紀念，別人亂寫「到此一遊」，他卻在登岸的地方掘土刨坑，撒下兩顆菠蘿蜜種子。剛剛種完菠蘿蜜，突然刮起一陣大風，把他的船刮走了。他沒有辦法返航回國，只能翹首西盼，仰天長嘆，結果化成了一尊雕像。而他種下的那兩棵菠蘿蜜，後來成了中國所有菠蘿蜜的共同祖先。

宋朝人是吃過菠蘿蜜的，陸游的老上司范成大去廣西做官，寫了一部《桂海虞衡志》，其中提到菠蘿蜜：「菠蘿蜜大如冬瓜，削其皮食之，味極甘。」范成大生活在南宋，黃蓉也生活在南宋，但她未必吃過菠蘿蜜，因為她畢竟沒有在盛產波羅蜜的嶺南地區生活過。她爹黃藥師雖然神通廣大，也不可能從嶺南採購一船菠蘿蜜，走海路運回桃花島讓閨女吃，那時候交通條件和保鮮技術都很落後，成熟的菠蘿蜜在路上不出三天就全爛了。

紅鹽荔枝

大概正是因為交通和保鮮太落後的緣故，我們在描寫兩宋首都飲食風俗的《東京夢華錄》與《武林舊事》中很少看到嶺南水果，只能看到桃杏李梅、大棗山楂、櫻桃柑橘之類。後面這些水果種植區域廣泛，南方北方均有，就近採摘運入京師，路上不至於壞掉。

《東京夢華錄》和《武林舊事》中只能見到一種嶺南水果，那就是荔枝。荔枝也很難保鮮，為什麼能運到京師呢？原因有三。

第一，以前荔枝的種植範圍不限於嶺南，四川也種荔枝，唐明皇派快馬到長安供楊貴妃享用的荔枝，就是從四川荔枝園採摘的。從四川到北宋首都開封，總比從廣東到開封要近得多。到了南宋，常年氣溫下降，四川荔枝銳減，福建荔枝卻可以走海路運到寧波，再沿江而上入杭州。南宋海運發達，這條水路最快七天可達，若有冰塊保鮮，荔枝不會壞掉。

第二，宋朝人發明了一種給荔枝保鮮的醃漬方法，用食鹽和某種顏料將荔枝加工成「紅鹽荔枝」，可保荔枝三四年不壞。但是這種荔枝僅僅圖個好看，完全失去了荔枝應有的甜蜜和鮮美。

第三，宋朝人還可以把荔枝風乾，用乾荔枝擺盤或者熬湯。蘇轍詩云：「含露迎風惜不嘗，故將赤日損容光。紅消白瘦香猶在，想見當年十八娘。」描寫的正是乾荔枝。

南宋建國後不久，宋高宗去武將張俊家裡做客，張俊上了將近一百道果盤，其中「時新果子」只有十一道（還包括一盤蓮藕與一盤甘蔗），其餘全是乾果和蜜餞，並且在乾果中有一道「乾荔枝」，在蜜餞中有一道「荔枝好郎君」。

「好郎君」是宋朝閩南俗語，指可以存放一年以上的醃菜。由此推想，張俊獻給宋高宗的「荔枝好郎君」，黃蓉在張家口點的「梨肉好郎君」，可能都是醃漬或者蜜餞過的，類似於臘肉、泡菜、蜜棗、地瓜乾。

糖霜玉蜂兒

《甄嬛傳》裡有一情節：甄嬛懷孕以後，胃口很差，什麼都不想吃，就想吃「糖霜玉蜂兒」。這可把宮女們難住了，因為她們統統不知道糖霜玉蜂兒是什麼東西。

糖霜玉蜂兒

甄嬛不能怪下人，只能怪她的作者流瀲紫，糖霜玉蜂兒是宋朝獨有的甜點名稱，清朝人怎麼可能聽說過呢？

這道甜點原載於南宋人周密寫的《武林舊事》，說是宋高宗去清河郡王張俊家做客，張俊設筵款待，上了很多很多美食，其中一道就是糖霜玉蜂兒。

宋朝人還不會加工白糖，只會加工紅糖和糖霜。什麼是糖霜？就是在熬糖的大鍋和攪糖的竹棍上提前結晶的霜塊。這層霜塊不是白糖，是比白糖還要純淨的冰糖。顧名思義，糖霜玉蜂兒就是用糖霜加工的玉蜂兒。問題在於，我們不知道什麼是「玉蜂兒」。難道是蜜蜂？絕對不可能，因為蜜蜂是不能吃的。

蜂蛹倒可以吃。《禮記・內則》列舉周天子在大型宴會上常吃的幾道生猛小菜，計有五種：蜩、范、蚳、蝝、蝸。其中的「范」，就是蜂蛹。

周天子吃「范」，當然不會生吃，他讓廚師把

「范」曝乾，用醃過的梅子拌勻，盛入高腳大盤，用小湯匙挖著吃，酸酸的，鹹鹹的，這種吃法跟糖霜無關。事實上，周朝根本沒有糖，更沒有糖霜，糖和糖霜是唐朝以後才出現的新食材。

既然宋朝有了糖霜，那麼糖霜玉蜂兒是否就是用糖霜和蜂蛹加工的蜜餞蜂蛹呢？不好說，反正我是沒有聽說過蜜餞蜂蛹。我只聽說過油炸蜂蛹、香辣蜂蛹、椒鹽蜂蛹、脆皮蜂蛹、清蒸蜂蛹、鹹酥蜂蛹、蜂蛹煎蛋，嗯，還有我最喜歡吃的蜂蛹醬。所有這些都是鹹的，跟甜點完全不搭。

我們來聽聽學術界的解釋。

王仁湘先生是研究古代美食的大家，他認為玉蜂兒應該是蠶蛹，其依據是元朝人愛吃蠶蛹，並將蠶蛹稱為「蜂兒」。經王仁湘這麼一考證，所有注釋《武林舊事》的學者都把糖霜玉蜂兒解釋成了「用蠶蛹做的蜜餞」。問題是蠶蛹能做蜜餞嗎？就算能做，做出來您敢吃嗎？

我原先也以為玉蜂兒就是蠶蛹，近來無意中讀到南宋楊萬里的幾首詩，剎那間恍然大悟：啊哈，原來宋朝餐桌上的玉蜂兒並不生猛，它既不是蜂蛹，也不是蠶蛹，而是蓮子啊！

有楊萬里《蓮子》為證：

蜂兒來自宛溪中，兩翅雖無已是蟲。
不似荷花窠底蜜，方成玉蛹未成蜂。

這首詩把蓮房比喻成蜂房，把蓮子比喻成蜂房裡的蜂蛹，蜂蛹長大了會長翅膀，蓮子怎麼長都沒有翅膀。

又有楊萬里《食蓮子》為證：

白玉蜂兒綠玉房，蜂房未綻已聞香。
蜂兒解醒詩人醉，一嚼清冰一咽霜。

剝開綠色的蓮蓬，能看到白色的蓮子，就像蜂房裡面那白色的蜂蛹。蜂蛹不能生吃，蓮子是可以生吃的，清甜芳香，吃了能敗火，還能解酒，就跟吃冰塊一樣爽口。

現在問題迎刃而解：什麼是糖霜玉蜂兒？就是用糖霜和蓮子加工的蜜餞蓮子嘛！

玉蜂兒不生猛，周天子的飲食卻很生猛。剛才說過，周天子有五道生猛小菜：蜩、范、蚳、蝝、蝸。「范」指蜂蛹，其他四種分別又是什麼呢？

容我一一介紹。

蜩：蟬的幼蟲，又稱「若蟲」，身軀壯碩，肥嫩多汁，四隻爪子短而尖利，看起來既噁心又瘮人，現在沒有多少人敢吃它。可是在東周及春秋戰國時期，它卻是一道美食：用鹽醃一夜，待它吐淨腹中泥沙，再放到鼎裡，用鹽水煮熟，配以茴香，撈出大嚼，乳白的汁液從嘴角飛濺出來，狀如撒尿牛丸[26]。

蚳：白蟻卵，屬於大猩猩的美食，人類一般不吃。現在全世界只有剛果土著愛吃白蟻，可是在春秋時期，各路諸侯喜歡用白蟻卵做醬，拌著小米飯吃。

蝝：蝗蟲的幼蟲，先秦貴族也用它做醬：搜集一大盆小蝗蟲，拌上鹽，搗成爛糊，裝進陶罐，密封半年，即可取出食用。

蝸：蝸牛。據《禮記・內則》描述，周天子吃烤魚配卵醬（即白蟻卵做的醬），吃魚生配芥醬（即芥末醬），吃雞肉配蝸醬，可見蝸牛是可以做成醬的。

除了做醬，蝸牛還可以煮著吃或者烤著吃。法國漢學家謝和耐考證過春秋時期的美食，其中就包括烤蝸牛。蝸牛治淨，焯水，不去殼，用薑水醃漬，撒上鹽，用豬油封口，小火烤熟即成。這種做法很像現在法國人烹調蝸牛的方式。

吃蝸牛，吃白蟻，吃若蟲，吃蝗蟲，先秦飲食似乎野蠻到了噁心的地步，那麼噁心的東西，怎麼能吃呢？

且慢，我們千萬不要通過食材的長相來想像它的味道（就像廣大讀者朋友不能通過作家的長相來想像他的作品一樣），因為長相並不等於味道。舉個例子說，螃蟹的長相並不比若蟲好到哪裡去吧？早在九百年前，關中平原的宋朝老百姓還把螃蟹當成妖怪，風乾了掛到門外辟邪，誰都不敢嘗上一口，可是九百年以後的今天，螃蟹在西安夜市上大受歡迎，再也沒有人拿它當妖怪了。還有龍蝦，揮舞著一對大鉗，既難看又可怕，把牠塞到抽屜裡，能把膽小的人嚇個半死，可是誰會批評龍蝦的肉不好吃呢？若蟲也是這樣，樣子臃腫，肚子肥大，四根爪子抓來抓去相當噁心，別說吃，看一會兒都得吐，可是真要冒死吃上一回，就會愛上它的滋味。

當然，若蟲不能生吃，也不宜清蒸，拿來燉湯恐怕也做不出味道。要想把若蟲的美味做出來，必須油炸，油炸之前還必須用鹽水泡乾淨，泡淨以後還必須瀝乾，多用軟布搌幾遍，搌得越乾越好。有人說吃若蟲會生病，吃多了臉上起紅點，那都是因為油炸之前沒有弄乾淨的緣故。

在宋朝，若蟲曾經是進貢物品。據《包拯集》，黑臉包公倒坐南衙開封府的時候，曾經讓開封府轄下的陽武縣知縣王尚恭進貢若蟲一千隻，供宮廷食用。

一千隻若蟲是很容易進貢的。在我老家的盛夏時節，晚上八九點鐘拿著手電筒出去，

26 會爆漿的牛肉貢丸。

哪兒有樹林子就往哪兒去，一旦瞧見榆樹、槐樹和楊樹，就用手電筒從底下往上照，一會兒就能發現一隻窸窸窣窣往上爬的若蟲，捏住它的後背，往玻璃瓶裡一裝，再去逮下一隻……，假如手疾眼快，一個晚上逮三百隻都沒問題。

逮到若蟲，用濃濃的鹽水泡上一整天，讓它們吐淨泥沙，搌乾水分，用油炸上兩遍，盛到大瓷盆裡，趁熱撒孜然，又香又脆。

宋朝人吃若蟲，也吃蠶蛹。陸遊說過，他在紹興老家隱居的時候經過一個小村落，當地村民「瓦盎盛蠶蛹，沙甑煮麥人」，意思是用沙甑蒸了麥飯做主食，用瓦盆盛了蠶蛹當菜吃。紹興自古就養蠶，蠶寶寶結完了蠶繭，留下一堆一堆的蠶蛹，瞧著難看，營養卻很豐富，屬於高蛋白食材，要是扔了不吃，那才叫暴殄天物呢！

蠶蛹跟若蟲一樣可以油炸，就是炸法不一樣。

若蟲的外皮很厚，很光滑，炸之前千萬別裹麵粉，否則一下油鍋就分離了，麵粉散落在油鍋裡，把清亮的植物油搞得非常渾濁，看起來跟地溝油一樣，炸不上十分鐘就得糊底。油鍋一糊底，若蟲就炸不熟了，一咬一口白汁，腥得要命，那才真叫噁心。

炸蠶蛹則必須裹粉（別裹純澱粉，用普通麵粉就行了），因為它含水多，在油鍋裡會迅速膨脹，裹了麵粉能鎖住水分。假如一點兒麵粉都不裹，直接扔滾油裡炸，蠶蛹的汁液會噗噗噗地往外噴，噴得油花飛濺，很危險。

炸若蟲之前必須用鹽長時間醃制，因為若蟲的體形偏大，不醃不入味。炸蠶蛹剛好相反，之前不用醃，炸好了再撒鹽、撒孜然，端起炒盆晃一晃，味道就滲進去了。這樣炸蠶蛹，炸出來的造型好看，口感也不錯，外脆裡酥，粒粒飽滿。

周天子五種生猛小菜，在宋朝流行的只有若蟲，宋朝人絕對不喜歡吃蜂蛹和蝗蟲，就是吃，也是迫不得已（災民鬧饑荒的時候），絕不會獻寶似的擺到皇家餐桌上。從這個角度看，宋朝飲食沒有周朝生猛。

整體來說，宋朝飲食更接近現代飲食，食材接近現代，做法也接近現代。不過從細節上觀察，宋朝飲食也有一些生猛的成分，不信我們再看看南宋某位元皇太子的菜單：

炒鶉子、烙潤鳩子、蝤蛑簽、肚兒辣羹、土步辣羹、海鹽蛇鮓、酒醋三腰子、糊炒田雞……。

「炒鶉子」是炒鵪鶉，「烙潤鳩子」是烤斑鳩，「蝤蛑簽」是用螃蟹肉和豬網油做的網油卷，「肚兒辣羹」是用羊肚和川椒燉的湯，「土步辣羹」是用虎頭鯊和芥末根燉的湯，「海鹽蛇鮓」是先醃再壓然後再風乾的乾醃蛇肉，「酒醋三腰子」是醋溜羊腰子、豬腰子和鹿腰子，「糊炒田雞」是先炒後燉的青蛙肉。

吃蛇，吃青蛙，吃虎頭鯊，這位皇太子也很生猛。

糖肥皂

《金瓶梅》第六十七回，西門慶請溫秀才和應伯爵在自己家裡賞雪。賞雪嘛，不能無酒。喝酒呢，又不能無菜。西門慶讓僕人燙酒端菜，在書房中擺了一個小小的宴席，招待兩個狐朋狗友。

現在我們看看原文是怎麼寫的：

伯爵才待拿起酒來吃，只見來安兒後邊拿了幾碟果食，內有一碟酥油泡螺，又一碟黑黑的團兒，用桔葉裹著。伯爵拈將起來，聞著噴鼻香，吃到口猶如飴蜜，細甜美味，不知甚物。西門慶道：「你猜？」伯爵道：「莫非是糖肥皂？」西門慶笑道：「糖肥皂那有這等好吃。」伯爵道：「待要說是梅酥丸，裡面又有核兒。」西門慶道：「狗才過來，我說與你罷，你做夢也夢不著。是昨日小價從杭州船上捎來，名喚做衣梅。都是各樣藥料和蜜煉製過，滾在楊梅上，外用薄荷、橘葉包裹，才有這般美味。每日清晨噙一枚在口內，生津補肺，去惡味，煞痰火，解酒克食，比梅酥丸更妙。」……又拿起泡螺兒來問鄭春：「這泡螺兒果然是你家月姐親手揀的？」鄭春跪下說：「二爹，莫不小的敢說謊？不知月姐費了多少心，只揀了這幾個兒來孝順爹。」伯爵道：「可也虧他，上頭紋溜，就像螺螄兒一般，粉紅、純白兩樣兒。」

主賓三人飲酒，席上有兩道甜點不同凡響，一道是「泡螺」，另一道叫作「衣梅」。拙著《吃一場有趣的宋朝飯局》專門考證過「泡螺」，它其實是宋朝就有的甜點，應該寫成「鮑螺」，用奶油製成，做法並不複雜：將半固態的奶油直接擠在碟子上，邊擠邊旋轉碟子，形成螺旋狀的美麗造型，如鮑魚，如螺螄，故稱「鮑螺」，又叫「滴酥鮑螺」。「衣梅」這道甜點在宋朝沒出現過（也許出現過，但不叫這個名字），好在西門慶把製作方法講得十分清楚：「都是各樣藥料和蜜煉製過，滾在楊梅上，外用薄荷、橘葉包裹，才有這般美味。」由此可見，它是用楊梅做的一種蜜餞。

西門慶這兩個朋友比較土包子，既沒有吃過鮑螺，也沒有見過衣梅。就在這一回裡，應伯爵第一眼看見鮑螺，喊道：「好呀！拿過來，我正要嘗嘗！」先捏了一個放進嘴裡，又捏了一個遞給溫秀才，說道，「老先兒，你也嘗嘗。吃了牙老重生，抽胎換骨。眼見希奇物，勝活十年人。」溫秀才放入口中，入口即化，也讚嘆道：「此物出於西域，非人間可有，沃肺融心，實上方之佳味。」隨後三人飲酒，僕人擺上果盤，應伯爵已經把衣梅吃到了嘴裡，仍然不知道是什麼，西門慶讓他猜，他居然以為是糖肥皂！

大家讀到這裡可能會覺得奇怪：這應伯爵也太土包子了吧？怎麼能吃的東西當成肥皂

呢？肥皂能吃嗎？糖肥皂又是什麼東西？

其實呢，古代的肥皂跟今天不同，現在肥皂當然不能吃，古代有些肥皂還是能吃的。

不知道大家有沒有聽過《世說新語》中的一個故事，說是東晉貴族王敦娶了晉武帝的公主，馬上搬進一所豪宅，家中陳設升級了不只一個檔次，有些東西他不認識。比如說有一次，他上完廁所出來，丫鬟用金盤盛水，用玻璃碗盛澡豆，讓他洗手，他居然把澡豆倒進水裡，一口氣吃光了，惹得眾丫鬟掩口而笑。這個王敦吃的澡豆，就是早期的一種肥皂，用豌豆粉和香料製成，不僅可以拿來洗澡，還可以吃，因為無毒，還很香。

豌豆粉有去汙功能。記得我小時候，我媽喜歡將豌豆泡軟搗碎，加上鹽，拍成餅子，上籠蒸熟，稱為「鰲饃」。有一回她蒸鰲饃蒸得太多，天熱沒吃完，餿了，她不捨得扔，就用鰲饃刷鍋，效果很好。

豌豆粉能去汙，最早可能是印度人發現的。按佛教經典《五分律》記載，佛陀住世時看見一些弟子在大樹上蹭癢，背都蹭破了，於是命令他們用澡豆沐浴。再查《十誦律》，佛陀所說的澡豆正是用豌豆粉、黃豆粉和迦提婆羅草粉製成的小藥丸，既能外用，也可內服。

漢朝以前，中國沒有豌豆。漢朝以後，豌豆跟著佛經傳進來，用豌豆做的澡豆也傳了進來。一直到清朝末年，北京還有一種「香麵鋪」，售賣用來洗臉的「豆兒麵」，原料仍

滴酥鮑螺

然是豌豆粉加香料，既能去汙，又能增香。

中國自己發明過一種去汙產品，原料是豬的胰臟，配以草木灰或者其他成分，可以製成塊狀的肥皂，俗稱「胰子」。胰子富含脂肪酶，能將很難洗掉的油脂分解成脂肪酸，所以有去汙能力。

可能比印度人發明澡豆和中國人發明胰子還要早的時候，腓尼基人和古埃及人已經分別用不同的方式發明了肥皂。腓尼基人把動物油加熱，摻入山毛櫸樹的炭灰，冷卻後即成肥皂。古埃及人則把植物油加熱，摻入草木灰，冷卻後製成肥皂。草木灰呈鹼性，其中的碳酸鉀與油脂混合，會產生化學反應，產生一種有許多碳氫分子組成的長鏈。這種長鏈的一頭能吸附油分子，另一頭能吸附水分子，所以能把用清水難以去除的油污吸到水裡，讓人和衣服變得乾淨。

論去汙能力，胰子勝過澡豆，油與鹼製成的肥皂更勝一籌，但是澡豆能吃，胰子與各種鹼性肥皂都不能吃。

後來中國人再次出手，找到了一種純植物的去汙產品：皂角。

皂角是皂角樹的果實，外形像扁豆角，把莢剝開，裡面是光滑渾圓的種子。這些種子叫作「皂角米」，又叫「雪蓮子」，它富含皂苷（即皂素），皂苷可溶於熱水，搖動後能產生豐富的泡沫，所以也有去汙功效。

僅能去汙並不稀奇，皂角有一個最大的好處：能吃。大家可以去網路上搜一下「皂角米」或者「雪蓮子」，所有相關產品一定不是分在洗化用品的類別，而是被掛在食品類別。這種食品像蓮子一樣包裝出售，售價極貴，差不多一斤要賣新臺幣八百塊。

買回來怎麼吃呢？先用清水泡上一整天，把這些皂角米泡軟，泡發，再煮成粥。粥裡可以加糖，也可以放鹽，根據你喜歡什麼口味而定。聽說也有人在燉雞湯和熬米粥時放幾粒皂角米，能讓湯汁發黏，口感更好。

皂角米為什麼能讓湯汁發黏呢？因為它低蛋白、低脂肪、含有植物性膠，加熱後能吸水，晶瑩剔透，像涼粉一樣，像葛粉一樣，像阿膠和豬蹄裡的膠原蛋白，也像美女吹彈可破的皮膚。

現代中國美容成風，奸商趁機誤導大眾，將所有看起來吹彈可破的食材都打上了美容養顏的標籤。皂角米之所以賣那麼貴，跟虛假宣傳是有很大關係的。事實上，這種食材裡的植物性膠僅僅看起來像膠原蛋白，本質上只是膳食纖維，與膠原蛋白完全無關，更不可能有美容效果。即使它像豬蹄與阿膠一樣含有膠原蛋白，吃進去也不會有美容功效，因為任何一種膠原成分進入消化道，都逃脫不掉被分解成碳水化合物的命運，如果消化不完，還會被轉化成脂肪囤積起來。

有趣的是，宋朝人也吃皂角米，不過不是為了美容，而是為了享用它軟糯的口感。北宋末年，一個名叫莊綽的小官在《雞肋編》中寫道：

> 浙中少皂莢，澡面衣皆用肥珠子。木亦高大，葉如槐而細，生角長者不過三數寸，子圓黑肥大，肉亦厚，膏潤於皂莢，故一名「肥皂」，人皆蒸熟曝乾乃收。京師取皂莢子仁煮過，以糖水浸食，謂之「水晶皂兒」。

北宋開封人將皂角米煮熟，泡在糖水中浸透，軟糯甜美，紅如瑪瑙（宋朝只有紅糖），故名「水晶皂兒」。浙江還有一種不同於北方的皂角樹，結出來的皂角米更大更圓，果肉更加肥厚，俗稱「肥皂」。

南宋筆記《都城紀勝》記載：「都下市肆名家馳譽者，如中瓦前皂兒水、雜賣場前甘豆湯……」中瓦是南宋杭州有名的娛樂場所，門口賣「皂兒水」，我估計是用皂角米加工的飲料。另一本南宋筆記《武林舊事》提到杭州城內售賣一種甜點「皂兒糕」，應該是用皂角米加工的糕點。

OK，現在回到《金瓶梅》，回到「糖肥皂」。應伯爵為什麼會把楊梅蜜餞當成糖肥皂呢？因為他說的糖肥皂是用糖水煮透的皂角米，類似宋朝的水晶皂，無論顏色、甜度還是軟糯的口感，都有點兒像楊梅蜜餞。

夜市上的甜點

宋朝人孟元老回憶說，北宋都城開封最大的夜市叫作「州橋夜市」。每年夏天，該夜市生意興隆，通宵達旦，以下甜點俯拾皆是：

水飯、水晶皂兒、生淹水木瓜、藥木瓜、雞頭釀砂糖、冰雪冷元子、綠豆甘草冰雪涼水、荔枝膏、杏片、梅子薑、香糖果子、間道糖荔枝、越梅、紫蘇膏、滴酥……。（《東京夢華錄》卷二《州橋夜市》）

孟元老羅列了這麼一大堆飲食名稱，其中很多已經失傳，為了讓大家明白它們究竟是些什麼樣的美食，下面我來分別解釋一下。

水飯是稀粥泡乾飯。我們現代人吃米飯，乾吃沒胃口，一定要炒些菜來配它，譬如弄成魚香肉絲蓋飯、雞蛋番茄蓋飯之類。古人吃米飯比較簡單，特別是古代的窮人，買不起鹽、買不起肉，炒菜嫌費油、買菜嫌費錢，只能吃白飯。吃著吃著，吃出訣竅來了：他們先熬半鍋稀粥，讓它發酵，發到又酸又甜、略有酒氣的時候，再蒸半鍋乾飯，放涼了，用剛剛發酵好的稀粥一拌，酸酸甜甜很好吃，比吃白飯強得多。像這種用發酵稀粥來浸泡入味的米飯，就是傳說中的水飯。

水晶皂兒是糖浸皂角米。皂角米是鹼性物質，可以加工成肥皂，洗臉洗澡洗衣服，也可以煮熟食用。北宋莊綽《雞肋編》云：「京師取皂莢子仁煮過，以糖水浸食，謂之水晶皂兒。」可見水晶皂兒其實是煮熟之後再用糖水浸泡的皂角米。

生淹水木瓜比較簡單：將木瓜去皮去瓤，切成小塊，先用鹽水浸，再用糖水泡，最後放進冰水即可。

藥木瓜相對複雜一些：將木瓜去皮去瓤，切成長條，與砂仁、薑末、甘草、豆蔻一起拌勻，略微撒些鹽，在太陽地裡暴曬，曬成木瓜乾，用糖水泡透。

雞頭釀砂糖：雞頭即芡實，芡實挖孔，釀入砂糖，再用蜂蜜浸泡，加工成蜜餞雞頭米。

冰雪冷元子：元子即湯圓，冰雪冷元子即冰鎮湯圓。

綠豆甘草冰雪涼水：綠豆與甘草一同煮湯，放涼，冰鎮，然後飲用。

荔枝膏：這道甜點名曰荔枝，實際上跟荔枝沒關係，待會兒我們再詳細介紹。

杏片：半熟黃杏剖開去核，切成薄片，做成蜜餞。

梅子薑：梅子先後用鹽、糖醃透，再拌以薑絲。

香糖果子：宋朝人所說的「果子」通常不是指水果，而是用小匣子封裝的各類甜點。

間道糖荔枝：「間道」是宋元白話，意思是不同顏色組成的花紋，所以間道糖荔枝就是雜色糖荔枝。宋朝藥典《重修政和經史證類備用本草》卷二十三有記載：「其市貨者多用雜色荔枝，入鹽梅，暴之成。」意思是當時商販喜歡用不同顏色的荔枝做成荔枝乾，看起來五彩繽紛，賣相不錯。

越梅：紹興出產的楊梅。據南宋方志《嘉泰會稽志》，紹興的楊梅肉大核小，皮色深紫，色香味俱佳，號稱全國第一。

紫蘇膏：將紫蘇、肉桂、陳皮、甘草、良薑等藥材磨成粉，加水煮沸，再加入蜂蜜，慢火熬成稠膏。這道甜點既是小吃，又是藥物，主治消化不良。

滴酥：拙著《宋朝飯局》第六章曾對這種甜點詳加論證，它是一種花式點心，用奶油製成。宋朝人從牛奶中分離出奶油，摻上蜂蜜，摻上蔗糖，凝結以後，擠到盤子上，一邊擠，一邊旋轉，一枚枚小點心橫空出世，底下圓，上頭尖，螺紋一圈又一圈，這就是滴酥，又名「滴酥鮑螺」。

介紹完以上甜點，我們再著重介紹其中的那道「荔枝膏」。

《東京夢華錄》卷二《州橋夜市》介紹北宋開封夜市上的各類甜點時提到荔枝膏，《武林舊事》卷三《都人避暑》介紹南宋杭州西湖之上的避暑食品時也提到了荔枝膏，這說明荔枝膏無論在北宋還是在南宋都比較常見。

元代藥典《御藥院方》第二卷有荔枝膏方：

烏梅八兩、肉桂十兩、乳糖[27]二十六兩、生薑五兩（取汁）、麝香半錢、熟蜜十四兩，上用水一斗五升，熬至一半，濾去滓，下乳糖再熬，候糖化開，入薑汁再熬，濾去滓，俟少時，入麝香，用如常法服。

烏梅去核，肉桂磨粉，將以上兩種材料放入鍋中，加水煮沸，熬到水剩一半，濾去渣滓，加入乳糖。待乳糖化開，再加入薑汁繼續熬，熬到水剩一小半的時候，再過濾一遍，加入麝香，將鍋裡的湯汁熬成濃稠如膏的一小團。

很明顯，荔枝膏主要是用烏梅和肉桂加工而成的，並不需要荔枝。既然不需要荔枝，為什麼名字裡還要帶上荔枝呢？因為做出了荔枝的味道。就像最常見的那道川菜「魚香肉

27　以石蜜（石蜜又稱崖蜜、岩蜜，現在常稱為片糖，是指甘蔗汁經過太陽暴曬後而成的固体原始蔗糖。）和牛乳、奶酪做成餅塊者為乳糖。

絲」，配料時不用魚，出鍋後卻有魚味，所以叫「魚香」肉絲。

事實上，宋朝還有些飲食跟荔枝膏一樣，名字裡含有荔枝，實際上沒有荔枝。如《夢粱錄》卷十三《團行》中有一道「荔枝湯」，這道湯實際上是用烏梅、肉桂、生薑、甘草和蔗糖熬煮而成的，因為熬出了荔枝味，所以才叫荔枝湯。《夢粱錄》卷十六《分茶酒店》和《武林舊事》卷九《高宗幸張府節次》均提到一道名叫「荔枝腰子」的菜肴，這道菜肴也跟荔枝無關：將羊腎臟或者豬睾丸洗淨，剝掉外膜，剔掉臊筋，切出菱形交叉的細密紋路，再片成腰花，入鍋爆炒。腰花一受熱，迅速捲曲，表面上呈現出密密麻麻的顆粒狀的小突起，極像荔枝的外殼，故此得名荔枝腰子。

從用料上看，荔枝膏確實有些名不副實，可是如果從做法上看，荔枝膏卻是宋朝膏類甜點的一個典型代表。「膏類甜點」是我硬擬的概念，指的是做法和形狀均與荔枝膏類似的甜點，例如木瓜膏、皂兒膏、橘紅膏、紫蘇膏、楊梅膏、瓜蔞煎等等食品（這些食品散見於《武林舊事》和《東京夢華錄》）。

前面說過，荔枝膏是用烏梅加上其他材料熬成的稠膏，而木瓜膏、皂兒膏、橘紅膏等等膏類甜點同樣也是用不同材料熬成的稠膏。

先說木瓜膏。將木瓜去皮去瓤，取果肉一斤，切碎搗泥，放入砂鍋，用水煮沸，撇去浮沫，加麥芽糖，改成小火，邊熬邊用竹鏟翻動，防止黏鍋，持續熬上兩個小時，鍋裡的木瓜湯會越來越稠，越來越稠，直到變成一小團可以扯出長絲的稠膏，才停火出鍋。將這團稠膏裝入乾淨並且乾燥的小瓷瓶，封住瓶口，可以保存一個夏天。哪天口渴了，打開瓷瓶，用竹勺挖出一點點，放到碗裡，滾水沖點，慢慢攪化，就是一碗濃香可口的木瓜湯。如果再冰鎮一下，又爽又甜，更加可口，既解饞又解暑。

再說皂兒膏。皂兒即是皂角米，將皂角米用糖水浸泡，那是水晶皂兒，將皂角米熬成膏，那就是皂兒膏了。皂角米加水磨漿，倒入砂鍋，先用大火燒開，再加入熟蜜或者麥芽糖，改成小火持續熬煮。熬煮的時候，同樣要不停地翻攪、撇沫，直到湯汁變稠，稠汁成膏，停火出鍋，入瓶存放。

紫蘇膏在前文已經說過，橘紅膏和楊梅膏的做法跟木瓜膏相同，無須贅述。瓜蔞煎名為「煎」，實際上也是「膏」：將熟透的瓜蔞取出果肉，搗成果泥，用清水攪成漿，燒沸後入麥芽糖同熬。

現代讀者可能會表示不理解：楊梅、烏梅、木瓜、瓜蔞……，都是富含維生素的水果，幹嘛要熬成膏呢？熬的時候幹嘛還要添加蜂蜜和麥芽糖呢？經過長時間熬煮，維生素統統被破壞掉了；添加了蜂蜜和麥芽糖，本來含糖量不高的水果變成了三高食品，吃維生素變成了吃糖，這不是吃飽了撐著嗎？

我們現代人擔心的是高血糖，追求的是健康，宋朝人其實沒這個顧慮。第一，宋朝雖富，生產力雖發達，但吃不飽飯的窮苦老百姓依然佔據絕大多數，他們需要擔心的是營養不足，而不是營養過剩，即使是鐘鳴鼎食之家，也未必會考慮營養過剩的問題（例如司馬光奉養其八十歲的哥哥司馬旦，每天晚上必讓其多吃肥肉，因為在當時士大夫心目中，老年人多吃肉才是幸福生活的標誌）；第二，宋朝沒有冰箱，只能用冰塊來保存新鮮水果，普通人家為了延長瓜果的食用期限，只能採用蜜餞和熬膏等方式，而無法再考慮維生素破壞不破壞的小節；第三，如果您品嘗過真正的膏類甜點，您就會發現它們具有新鮮水果所不具備的奇特風味。

我仿照宋朝古法做過一回「西瓜膏」：大西瓜一個，取汁一鍋，燒沸，撇沫，倒入瓜瓤，熬得只剩一小碗，比果醬還要濃稠，不添加任何配料，卻散發出濃郁的芳香。用小湯匙挖著嘗上一口，其甜如蜜，其香也如蜜。

宋朝真有月餅嗎？

我們豫東老家的規矩，八月十五以前必須把親戚拜訪完，過了十五就不能再去了，否則人家會把你關到門外。當然，三里不同風，十里不同俗，從我老家向北走不遠，越過北宋時開挖的一條運河，那裡的規矩就跟我們剛好相反，恰恰是等到十五以後才能去，十五前不興走親戚。

十五以前也好，十五以後也罷，去親戚家必須拎著大包小包的禮物，而這些禮物裡面自然少不了月餅。

豫東農民走親戚，不從超市裡買月餅，需要請人加工。怎麼加工呢？一籃子雞蛋，一桶食用油，一小袋麵粉，七八斤糖，送到加工月餅的小作坊。作坊老闆通常是小倆口，男的蒸麵、揉麵、打模子，女的配餡、做皮、打蛋。將蛋清蛋黃打進一個不銹鋼盆裡，加糖攪拌，打到起泡，再摻入一批蒸過的麵粉，做成餅皮。餡是現成的，有豆沙有蓮蓉有五仁有冰糖，總之都是甜餡，顧客自己挑選，讓作坊老闆包進餅皮裡，做成餅坯，壓進模子，模子裡面和餅坯上面都用油刷滿，推進烤箱裡烤熟就行了。

大家從我剛才的描述裡就能夠猜到，這樣加工的月餅非常簡陋，造型不夠精緻，口感也不夠酥軟。不過豫東農民已經很滿意了：第一，自己加工總比從超市裡購買便宜；第二，這種月餅雖然不是很好吃，但是總比以前的月餅好吃。

所謂「以前的月餅」，指的是我小時候吃過的那種老式月餅。記得二三十年前，豫東還沒有出現加工月餅的作坊，大家吃的月餅都是從鄉鎮供銷社裡買的，那真叫一個難吃之極。首先，餅皮太乾，咬上一口，簌簌掉渣，個個都跟老婆餅似的。其次，皮太厚，餡太小，很多月餅甚至根本沒有餡，就是一整塊摻了冰糖和青紅絲的死麵疙瘩。有的讀者可能不知道什麼是青紅絲，其實就是用橘子皮和顏料做的乾絲，半寸來長，幾毫米寬，乾巴巴沒有一點味道，放在月餅裡純粹只起點綴作用，它們鮮豔的色調可以給死氣沉沉的死麵疙瘩帶來幾絲活氣。

最要命的是，這種老式月餅實在太硬，剛換牙的小孩子萬萬不能吃，否則很可能要用螺絲刀把崩掉的牙齒從月餅裡取出來。記得上小學前我媽讓我和我姐吃月餅，都要先把月餅放在蒸籠上蒸一下，因為蒸過之後它就軟了。還記得有一年過中秋，我跟我媽去奶奶家走親戚，回到家才發現鑰匙丟了，我媽站在門口束手無策，我一個勁慫恿她：「用月餅把鎖砸開，用月餅把鎖砸開！」

我第一次吃到真正好吃的月餅已經是上大學以後的事情了，一位家在湖北的同學過完中秋回學校，給室友們捎來二斤月餅，分給我幾塊，我嘗了一口，詫異地說：「咦，這是月餅嗎？月餅哪有這麼軟啊！」再後來又吃到了更為酥軟的蘇式月餅和廣式月餅，才知道月餅本來就該是這個樣子，我小時候吃的月餅根本就不配叫月餅。

直到現在我也沒有鬧明白，為什麼小時候的月餅會那麼難吃。如果說當時太窮，人們買不起好月餅，那肯定不對。我問過我的湖北同學，他也是從偏遠農村走出來的，父母也都是窮苦農民，可是他小時候從來也沒有見過像我說的那樣醜那樣硬那樣難吃的奇葩月餅。

如果說當時的月餅製作工藝還不成熟，肯定也是不對的。現在我手頭正有一本清朝末年的食譜，是光緒年間湖南官員袁學昌的太太寫的，名曰《中饋錄》，該書最後一節記載了當時的月餅製法：

用上白灰麵，一半上甑蒸透，勿見水氣；一半生者，以豬油和涼水和麵。再將蒸熟之麵全以豬油和之。用生油麵一團，內包熟油麵一小團，以桿麵杖桿成茶杯口大，疊成方形，再桿為團，再疊為方形。然後包餡，用餅印印成，上爐炕熟則得矣。

一半生麵，一半熟麵，摻入豬油做成餅皮，月餅一定是酥軟的。人家清朝末年就掌握了這樣成熟的工藝，為什麼到了新中國成立以後的豫東農村卻學不會呢？

在《中饋錄》之前還有一本清代食譜，是大名鼎鼎的袁枚所作的《隨園食單》，其中也載有月餅製法：

用山東飛面作酥為皮，中用松仁、核桃仁、瓜子仁為細末，微加冰糖和豬油作餡，食之不覺甚甜，而香松柔膩，迥異尋常。

「飛面」是用上等麵粉篩出來的細麵，加上冰糖、豬油與磨碎的乾果，做出的月餅「香松柔膩，迥乎異常」，說明也是非常酥軟的。

由於小時候吃了太多奇葩月餅的緣故，現在對於月餅我是這樣要求的：別的不講，口感一定要軟。當然，好月餅除了軟，還能做到軟而不黏，甜而不膩，但是這些在我看來都不太重要。甜到發膩怕什麼？人家月餅只是節令食品，又不是天天吃，膩就膩唄。

據說蘇東坡寫過一首關於月餅的詩，只有四句：「小餅如嚼月，中有酥與飴。默品其滋味，相思淚沾巾。」小巧精緻的月餅，像月亮一樣渾圓，裡面包著奶油（酥）和麥芽糖（飴）。奶油很膩，麥芽糖很甜，放了奶油會很軟，這種月餅我喜歡。如果我小時候正在提議用月餅開鎖的時候忽然聽到這首詩，那我一定會非常羨慕蘇東坡，因為他吃到了如此美妙的月餅，而我不能。

可惜的是，蘇東坡未必寫過這樣的詩。我的意思是說，這首關於月餅的詩極有可能是後人偽造的。

第一，這首詩根本不押韻，無論按照今韻還是按照古韻，它都不押韻。憑蘇東坡的才華，他會水準低劣到去寫一首不押韻的詩嗎？

第二，一九八二年中華書局編撰《蘇軾詩集》，二〇〇一年曾棗莊主編《三蘇全書》，二〇〇四年孔凡禮付梓《三蘇年譜》，已經將存世的所有東坡詩詞都納入囊中，其中《三蘇全書》還專章收錄了未能終篇的詩詞以及可能是偽作的詩詞，其中都沒有這首所謂的月餅詩。

第三，從現存的宋朝食譜和風俗文獻可以看出，宋朝人在中秋節期間並沒有吃月餅的習俗。

南宋金盈之《新編醉翁談錄》載有《京城風俗記》，那時候過中秋，流行少男少女拜月，闔家聚餐吃瓜果，餐桌上不見月餅。

宋元話本《錯認屍》裡也有都城市民過中秋的場景：「忽值八月中秋節時，高氏交小二買些魚肉、果子之物，安排家宴。」仍然不見月餅。

南宋遺老周密所作《武林舊事》中倒是出現了「月餅」一詞，但是它出現在「蒸作從食」一章，與饅頭包子放在一起，估計是蒸熟的，而不是像後來真正的月餅那樣烤製而成。同書第三卷描寫全年風俗，中秋期間仍然是賞月吃瓜果，餐桌上不見月餅。

文獻中真正可以確證為月餅，可能要到明代北京縣令沈榜所作的《宛署雜記》：「士庶家俱以是月造麵餅相遺，大小不等，呼為月餅。」以及明代崇禎年間太監劉若愚所作的《酌中志》：「八月，宮中賞秋海棠、玉簪花。自初一日起，即有賣月餅者，至十五日，家家供奉月餅、瓜果。」

考證太無聊，咱還是回到月餅本身吧。我覺得宋朝時應該還沒有出現真正的月餅，但是就憑宋朝人在製作麵點和糕點方面的成熟技藝，他們完全有能力加工出真正的月餅。

且看南宋食譜《吳氏中饋錄・酥餅方》：

油酥四兩，蜜一兩，白麵一斤，溲成劑，入印，作餅，上爐。或用豬油亦可，蜜用二兩尤好。

這裡「油酥」可能是奶油，也可能是在蒸過的麵粉裡摻入豬油或者植物油以後揉成的酥軟麵團。四兩油酥、一兩蜂蜜、十六兩白麵，揉成麵糰，放進模子，出模成型，上爐烤熟，除了沒有餡之外，它已經是相當酥軟相當香甜的月餅了。不過食譜作者還嫌它不夠酥軟和香甜，又建議將油酥換成豬油，並增加蜂蜜的分量。

第七章

宋宴探秘

皇上請客

說出來大家可能不信，宋朝也有聖誕節，只不過，跟現在日期不一樣，不是十二月二十五號，而是安排在皇帝生日那天：聖誕者，聖上誕辰是也。

兩宋三百年，換了十幾個皇帝，所以有十幾個聖誕節。二月十六，宋太祖聖誕；十月初七，宋太宗聖誕；臘月初二，宋真宗聖誕；四月十四，宋仁宗聖誕；正月初三，宋英宗聖誕；四月初十，宋神宗聖誕……。

聖誕是統稱，具體到每一個皇帝，又有具體的名稱。例如宋太祖聖誕叫「長春節」，宋太宗聖誕叫「乾明節」，宋真宗聖誕叫「承天節」，宋仁宗聖誕叫「乾元節」，宋英宗聖誕叫「壽聖節」，宋神宗聖誕叫「同天節」……。

南宋第四個皇帝是宋甯宗，他在十月十九過聖誕，那天被稱為「瑞慶節」。您看，長春、乾明、壽聖、瑞慶，都是很喜慶很吉利的字眼。

宋朝皇帝過聖誕，只要不打仗，不鬧災荒，都會在宮裡大擺宴席，邀請文武百官來參加自己的生日宴會。宋甯宗當然也不例外，某年十月十九瑞慶節那天，他下旨邀請了臨安城內所有六品以上的官員，其中包括岳飛的孫子岳珂。

那是岳珂第一次參加皇帝的生日宴會，他很激動，很興奮。第一，他官小，只是司農寺主簿，相當於農委會的主任秘書，平常沒有資格面見皇帝；第二，由於南宋前期老是跟金國打仗，皇帝已經很多年沒有辦過大型的生日宴會了。宋甯宗前面的宋光宗，宋光宗前面的宋孝宗，宋孝宗前面的宋高宗，都沒有辦過，每年過聖誕，「百官皆稱壽而退，無賜食七十年矣」（嶽珂《桯史》，下同），只讓百官拜壽，不請百官吃飯，連續七十年都是這樣子。

那麼長時間不辦，百官都忘了規矩，皇帝也忘了規矩。怎樣拜壽？喝幾杯酒？唱什麼歌？跳什麼舞？給皇上送什麼生日禮物？大家統統不知道。幸虧還有檔案可查，還有祖宗家法可以遵循。禮部官員一查檔案，查到了宋太祖過聖誕時的宴會禮儀，於是就按照太祖創下的規矩走。

太祖是馬上皇帝，性情豪爽而又粗疏，他黃袍加身，面南為君，第一次過聖誕，搞得非常率性：「一日長春節，欲盡宴廷紳，有司以不素具奏，不許，令市脯，隨其有以進。」太祖聖誕，吩咐大宴群臣，有關部門奏道：「不行啊皇上，您沒有讓我們提前準備，百官來了沒東西可吃啊！那麼多官員都過來，現做肯定來不及。」太祖說：「不用現做，快給我上外面買去，買到什麼就吃什麼！」

於是乎，光祿寺的官員佈置場地，御膳房的雜役擺上桌椅，內庫裡管酒的太監搬來酒水，同時又派出許多人到宮外酒店和飯攤上採購菜餚與主食。裡面佈置好了，百官也進宮了，太祖吩咐開宴，大家共同舉杯。

宋朝凡正式飯局，喝酒與吃菜是嚴密配合的，每喝一杯酒，至少要換一道菜。太祖讓大家舉杯的時候，第一道菜居然還沒買回來！在此危急時刻，幾個聰明太監飛快地跑到存放宮廷果品的果子庫，打開庫房大門，搬出一大批蘋果橘子核桃大棗之類的乾鮮果品，用小盤分裝，飛速端給太祖和百官。所以呢，太祖皇帝生日宴會上的第一杯酒和第二杯酒都是就著果子喝下去的。

喝第三杯酒時，外面的菜餚還沒有買回來。前兩杯酒上果子，第三杯難不成還上果子？也太單調乏味了吧？太祖讓太監傳旨御膳房：「上旋鮓！」所謂旋鮓，是指現切現調的生魚或者生肉，類似日本刺身。原來宋太祖想起了此前招待吳越國王錢俶時上的菜了：吳越王錢俶歸降大宋，太祖設宴款待，為了讓這位來自南方的朋友吃得合胃口，「宜創作南食一二，以宴饗之」（蔡絛《鐵圍山叢談》，下同），讓御廚趕緊想辦法開發一兩種具有南方特色的菜。御廚急了，「取肥羊為醢以獻焉」。現宰了一隻肥羊，仿照生魚刺身的做法，做了幾盤生羊刺身。不知道那天吳越國王是否喜歡這道菜，反正太祖自己吃得開心極了，因為他天生胃口好。

第一杯酒上了果子，第二杯酒上了果子，第三杯酒上了刺身，到第四杯酒，外賣終於送到，葷素冷熱應有盡有，開始一道又一道往餐桌上端。

總而言之，太祖第一次生日宴會特別不講究，但是這場不講究的宴會卻成了後任皇帝們過聖誕大多遵循的祖宗家法。用太祖的話講：「以昭示儉之訓。」這樣做是為了給天下臣民做表率，號召大家勤儉節約。

回過頭來繼續說宋甯宗。他的生日宴會準備充分，所有菜品都是在宮裡現做。據岳珂描述，前三道菜和上菜秩序是這樣的：「侑食首以旋鮓，次暴脯，次羊肉，雖玉食亦然。」第一道下酒菜是刺身，第二道下酒菜是肉乾，第三道下酒菜是羊肉。給百官上的是這三道菜，給甯宗上的也是這三道菜。只不過，甯宗用的餐具比百官高級：「且一小楪，如今人家海味楪之制，合以玳瑁而金托之，封其兩旁，上以黃紙書品嘗官姓名以待進。」用小碟子來盛菜，碟子上面用玳瑁蓋著，碟子下面用金盤襯著，外面還貼著黃紙，黃紙上寫著品嘗官的姓名。什麼是品嘗官？就是替皇帝試菜的人，試試菜裡有沒有毒。是的，那麼大的生日宴會，萬一混進去敵對勢力怎麼辦？萬一有人想暗害皇上怎麼辦？皇上的菜必須先讓人試吃一回，才能保護皇上的安全。

前三道菜上完了，至於後面上什麼菜，岳珂沒有敘述，我們不敢妄猜。反正按宋朝皇家宴席的慣例，一席要麼喝九杯酒，要麼喝十五杯酒，即使按每喝一杯酒只換一道菜來算，至少也要上九道或者十五道菜。

讀者朋友可能會覺得皇家宴席太小氣，怎麼只讓喝九杯或者十幾杯酒呢？宋朝又沒有白酒，全是只發酵不蒸餾的低度酒，喝十幾碗還差不多，十幾杯根本喝不爽嘛！

其實皇帝請客就是這樣，上下尊卑，品級貴賤，分得明明白白，禮儀比酒量重要得多，就怕有人喝醉失儀，既丟皇帝的臉，也丟自己的前程或者腦袋。

十幾杯酒很容易喝完，但是皇帝絕對不會讓你乾喝酒，還要讓你磕頭拜壽，說吉祥話，看歌舞表演。比如說喝下第一杯酒，要看半個時辰的歌舞；端起第二杯酒，又來一場半個時辰的歌舞。節目慢慢看，酒慢慢喝，區區九杯酒也能你喝到太陽落山。

來，我們來看看岳珂對甯宗生日宴會上喝酒場面的描述。

岳珂說：「太官供具畢集，無簾幕間隔，僅以寮灶刀機自隨，綿蕞簷下。」宋朝有一個中央機構叫「殿中省」，殿中省下面設了一個專門在皇帝大宴群臣時提供飯菜的「太官局」。太官局的人帶齊了菜刀砧板鍋灶炒杓，直接在院子正中的空地上起火燒菜，沒有搭棚子，沒有隔屏風，百官坐在餐桌旁就看得見他們炒菜，就像現在的流水席一樣。

百官的餐桌擺在哪裡呢？四座大殿圍成一個超級四合院，院子中間是太官局大廚炒菜的地方，東面是東偏殿的走廊，西面是西偏殿的走廊，南面是南配殿的走廊，北面是進正殿的階梯，階梯上有一座高高的平臺，平臺四周圍著欄杆。宋甯宗的餐桌放在北面高臺上，百官的餐桌則擺在東、西、南三面的走廊裡。岳珂品級很低，只能在南面走廊裡就座，級別高的官員則可以坐在東西兩面的走廊裡。

岳珂說，他們剛一落座，就有兩個侍衛舉著大牌子繞場一周，牌子上寫金光閃閃的大字：「輒入御廚房，流三千里。」臨時設置的御廚房搬到院子正中了，大家只可遠觀不可褻玩，膽敢跑過去瞧稀罕，充軍發配三千里。

岳珂又說：「黼坐既御，合班拜舞用樂，伶人自門急趨折檻，以兩簷為作止之節。」大家坐好了，皇上出來了，他老人家一落座，教坊司的演員們立即跑到高臺下面表演節目。東西配殿一角各站一名報幕員，一個負責報節目開始，一個負責報節目結束。

岳珂還說：「每舉酒，玳合自東廡入廊，饌繼至。」看完一個節目，換一杯酒，皇上帶頭。皇上只要一舉杯，太監就給他換一碟新菜，用玳瑁蓋著，用金盤托著，從東面配殿走廊裡端到皇上餐桌上。皇上換了菜，大家也跟著換菜。皇上舉杯，大家也跟著舉杯。皇上看節目，大家也跟著看節目。

由此看來，皇上請客會很累，被請的百官也很累。

大內飯局

話說丐幫幫主洪七公中了暗算，功力盡失，生命垂危，對兩個徒弟說：「我只剩下一個心願，趁著老叫花還有一口氣，你們去給我辦了吧。」女徒弟黃蓉含淚道：「師父請說。」洪七公道：「我想吃一碗大內御廚做的鴛鴦五珍膾。」老頑童在旁邊說：「我倒有個主意，我們去把皇帝老兒的廚師揪出來，要他好好地做就是。」洪七公卻連連搖頭，他說要想吃到正宗的鴛鴦五珍膾，最好還是溜到皇宮裡去吃。

鴛鴦五珍膾究竟是什麼樣的美味佳餚，會惹得洪七公如此惦念呢？這個我們將來再說，今天我們先說說大內御廚。

「大內」自然是皇宮，「御廚」自然是皇宮裡的廚房。宋朝皇宮裡有很多廚房，到底哪個才是御廚？很簡單，看招牌就行了。如果門口匾額上寫著「堂廚」，那是給王公大臣做飯的廚房。如果寫著「翰林司」，那是給翰林學士做飯的廚房。只有匾額上明明白白寫著「御廚」兩個字，那才是給皇帝做飯的地方。

沒錯，宋朝的御廚招牌就這麼簡單，上面不寫「御膳房」，也不寫「御廚房」，就只寫「御廚」這兩個字。

單看外觀，御廚絕對不是皇宮裡最大的廚房，但它一定是工作人員最多的廚房，因為光廚師就有兩百個，此外還有三十個擇菜、配菜、挑水和打掃衛生的雜役，三十個往皇帝餐桌上端茶送飯的服務生，以及四個專門給皇帝搭配食譜的營養師，加起來總共是二百六十四位。這兩百多位工作人員的主要職責就是侍候好皇帝的飲食，連皇后都沒有資格讓他們侍候，除非奉有特旨。

那麼皇后的飯菜由誰來做呢？跟宮裡其他嬪妃一樣，得自己安排。當然，我說後宮嬪妃自己安排飲食，不是指她們親自掌廚（山東呂劇《下陳州》：「聽說那老包要出京，忙壞了娘娘東西宮，東宮娘娘烙大餅，西宮娘娘剝大蔥……。」那是戲曲，不是歷史），而是說她們會安排手藝出眾的太監和宮女來做，或者自己花錢從宮外雇用廚師。後宮每月都有固定的工資，裡面包含著雇用廚師的錢。

御廚不給後宮做飯，其實正是後宮的福氣，因為御廚裡的廚師喜歡看人做飯，給皇帝燒菜很精心，給別人燒菜就免不了要偷工減料了。宋朝皇帝大宴群臣，有時候會讓御廚上陣，結果呢，不是擇菜擇不淨，就是每份菜餚的分量太少，本來按照採購數量，與宴大臣吃幾頓都吃不完，可是飯菜一上桌，幾筷子就夾完了，「或至終宴之時，尚有欲炙之色」（《宋史》卷一百一十三），宴席結束了，肚子還是癟的。

所以還是洪七公老爺子有經驗，他一聽老頑童周伯通要把皇帝的廚師抓出來做鴛鴦五珍膾，就搖頭說不行。為什麼不行？怕偷工減料啊。

說完了御廚，再說說宋朝皇帝怎麼吃飯。

宋朝皇帝的飲食生活有一個最大特色，那就是每天只有兩頓正餐。《宋會要輯稿・方域志》記載兩宋帝王飲食習慣，一般都是上午八九點鐘讓御廚做一頓飯，下午五六點鐘再讓御廚做一頓飯。中午呢？中午沒有。

中午沒有，只是說中午沒有正餐，不代表到了中午不吃飯。宋朝皇帝早上起來，照例要吃些點心；晚上就寢，照例要來點夜宵；中午辦完工，照例也要吃一頓。問題是，早上的點心、晚上的夜宵、中午的午飯，這三頓飲食在宋朝宮廷裡統統都不能叫作正餐，只能叫作「泛索」。泛索的意思就是皇帝隨時隨地都可以取用的飯菜，它們屬於非正式飲食。

非正式飲食吃起來簡單，做起來也簡單，大多數時候不是御廚做的，而是某個嬪妃讓自己的廚師加工的。皇帝的廚師叫御廚，嬪妃的廚師叫「內廚」，內廚做飯沒有御廚正式，沒有御廚嚴格，沒有兩百多人一起上陣那樣壯觀，但是往往別具一格，可以讓吃膩了御廚伙食的皇帝換換口味。

宋朝皇帝上午八九點鐘和下午五六點鐘那兩頓正餐就很嚴肅了，吃一頓飯，好幾組人服務。首先需要御廚裡的「膳工」給他烹調出各色佳餚，然後又需要「膳徒」給他端到跟前。端到跟前還不能算完，還得有人擦桌子、鋪桌布、疊餐巾、佈菜、倒酒，甚至在皇帝吃每道菜之前還得替他嘗一口，以免有人下毒。後面這些活跟御廚已經沒有關係了，全靠宮女來完成。

負責替宋朝皇帝嘗菜的宮女有幾十個，輪流值班，統稱「尚食」；負責佈菜倒酒打掃衛生的宮女也有幾十個，也是輪流值班，統稱「司膳」。曾經有不懂廚行的史學家斷言司膳就是給皇帝做飯的廚師，錯，司膳充其量只是些服務生罷了。

在這些大宋宮廷服務生當中，有一位堪稱功德無量，我們不知道她姓甚名誰，也不知道她侍候過哪一個皇帝，只知道她在侍候皇帝吃正餐的時候，偷偷抄下了一份佈菜清單。後來這份清單被命名為《玉食批》，從宋朝一直流傳到今天，是我們現代人觀摩宋朝御膳的視窗。

根據那位元司膳女士的記錄，皇帝一頓正餐總共喝了十五杯酒。宋朝的酒水，度數很低，十五杯不算海量，可您知道皇帝總共叫了多少菜嗎？三十道菜！

我的天，一下子叫三十道菜，該多大的餐桌才能擺得下？哦不，並不是一下全端上來，而是每喝一杯酒就上兩道菜，每上一次新菜就把前兩道菜撤下去。《玉食批》上寫得清楚：

喝第一杯時，上「花炊鵪子」和「荔枝白腰子」。

喝第二杯時，換「奶房簽」和「三脆羹」。

喝第三杯時，換「羊舌簽」和「肚簽」。

喝第四杯時，換「肫掌簽」和「鵪子羹」。

喝到第十五杯，也就是最後一杯的時候，上「蛤蜊生」和「血粉羹」。

……

隔著千年歷史迷霧往回看，這些宋朝菜名真是稀奇古怪，我花了五年時間查了無數文獻，才慢慢弄清楚它們都是些什麼東西，不過現在不忙著說，將來再一個一個詳細介紹。現在我想說的是宋朝皇帝喝酒很有特色，不像吃中餐，倒像吃西餐，而且特別像吃法式西餐。

眾所周知，法式西餐每桌都有服務生和服務助手提供服務，宋朝皇帝喝酒則有尚食和司膳提供服務；法式西餐每上一道菜都得撤掉前面的菜，宋朝皇帝喝酒則是每上兩道菜就撤掉前面的菜；法式西餐最講究菜品和酒品相搭配，宋朝皇帝喝一杯換兩道菜，酒品和菜品一樣很搭配。讓您自己說說，這宋朝皇帝吃飯像不像吃西餐？

我們現代人吃西餐，要的是一個安靜，除了刀叉觸碰盤子的聲音和低低的交談聲，再就是輕鬆典雅的音樂。宋朝皇帝吃正餐的時候享受不到這份安靜，因為教坊司的演員照例要在他面前吹拉彈唱。

特別是宋朝皇帝的生日宴會上，王公大臣必定要給他祝壽，祝壽之後必定要喝酒，喝酒的時候必定會有教坊司給皇帝表演節目，節目裡必定少不了唱歌跳舞、彈奏樂器、玩魔術、演雜劇，同時也少不了向皇帝送上「致語」和「口號」。

致語容易理解，說穿了就是致辭，恭恭敬敬說一大堆吉祥話，祝皇帝福如東海長流水，壽比南山不老松，就像主婚人在婚禮上一本正經祝一對新人白頭偕老一樣。

口號不容易理解，它既不是革命口號，呼籲高舉什麼旗幟，堅持什麼理論，團結什麼隊伍，發揚什麼精神，堅決跟什麼什麼做鬥爭，也不是建設口號，發誓要創建什麼和打造什麼，它只是一堆像詩一樣朗朗上口可是又不像詩詞那樣嚴守格律的韻文，簡言之，就是順口溜。

一年我逛泰安廟會，在廟會上見到一個乞丐，見了誰都能說出一串順口溜。譬如他問官僚討錢：「好領導，好幹部，你對窮人要照顧。」問商販討錢：「正在走，抬頭看，老闆開家大商店，大商店，生意好，一天能賺倆元寶。」一邊唱，一邊用兩塊鐵片打拍子，現編現賣，非常敏捷。他這種順口溜在北京叫「數來寶」，在我們豫東叫「巧墜子」，拿到宋朝則叫口號。

去宋朝酒館喝一杯

武松打虎的故事，我們都知道。武松打虎之前，在路邊一家小酒館裡喝了很多酒，我們也知道。

那家酒館沒有名字，但是有招牌，招牌是門口斜挑的一面旗，旗上寫著五個字：「三碗不過岡。」

現在的酒館，用門上的匾額做招牌，用路邊的燈箱做招牌，可是在唐宋元明諸朝，一般都是用旗幟做招牌。這面旗用竹竿高高挑起，材質一般用布，顏色一般是青色。辛棄疾老師說過：「山遠近，路橫斜，青旗沽酒有人家。」他筆下的酒館，門口挑的就是青旗。不過也有用白旗的，南宋筆記《容齋續筆》有云：「今都城與郡縣酒務，及凡鬻酒之肆，皆揭大簾於外，以青白布數幅為之。」青白布數幅為之，說明有的酒館用青布，有的酒館用白布。白布做旗，現在有投降的意思，宋朝沒有。

既然用旗做招牌，旗上肯定要寫字。寫什麼字呢？古裝影視圖省事，凡拍酒館鏡頭，旗上多半隻繡一個大大的「酒」字，但這不是真實的古代酒旗。在宋朝，至少在東京汴梁，正規酒館的旗幟都很長，上面繡著好多字，內容要麼是酒店名稱，例如「孫羊正店」、「十千腳店」；要麼是這家酒店主要售賣的酒水品牌，例如「新法羊羔酒」、「生熟臘酒新釀」等。

宋朝大酒樓除了有酒旗，也有匾額，例如北宋開封最大的國營酒店樊樓的匾額就是「樊樓」，南宋杭州最大的民營酒店三元樓的匾額就是「三元樓」。宋末元初筆記《夢粱錄》第十卷與《武林舊事》第六卷羅列了臨安城裡三十多家大酒樓，正門上都有匾額，例如「太和樓」、「中和樓」、「太平樓」、「豐樂樓」「和樂樓」、「和豐樓」、「春融樓」、「先得樓」……。

南宋筆記《容齋續筆》上還記載：「微者隨其高卑小大，村店或掛瓶瓢，標帚杆。」大酒樓挑大旗，小酒館挑小旗，至於那些窮鄉僻壤的雞毛小店，連旗都沒有，只在門口懸掛一隻瓶子、一個瓢，或者斜插一把掃帚。瓶子是盛酒的，瓢是舀酒的。宋朝官營酒坊的酒水上市，普遍用瓶子分裝，這種瓶子大肚小口，脖子細長，造型優美，用瓷器燒造，清代瓷器收藏家不明底細，給這種造型的酒瓶取名為「梅瓶」。酒館門口用酒瓶和酒瓢做標誌，那是理所當然，可是幹嘛要斜插一把掃帚呢？因為鄉野小店本小利薄，多半售賣私自釀造的土酒，酒體渾濁，還漂浮著沒有完全分解的米粒，唐朝詩人美其名曰「綠蟻」，宋朝詩人惡趣味，把這些漂浮的米粒叫作「浮蛆」。綠蟻也好，浮蛆也好，喝的時候總要濾掉。將酒缸裡的土酒舀進酒壺，簡單過濾，再倒進客人的酒杯裡，這個過程叫作「篩酒」。怎麼篩呢？最簡單的方法就是在酒壺上面放一把用竹枝捆紮的掃帚，隔著竹枝往壺裡舀酒，

「浮蛆」就被「篩」出來了。讀者諸君聽了可能不信，可能還會覺得有些噁心。其實新紮的掃帚並不髒，記得我小時候，我們豫東老家收割小麥，天氣炎熱，農民焦渴，都是從掃帚上摘竹葉，放到大鍋裡煮一煮，用煮過的竹葉水解渴消暑。我祖父年輕時給人拉太平車（四個木輪的大車，轉向時需要用木楔[28]去撬車輪，非常笨重），從老家去縣城拉煤，總共六十里路程，中途要歇兩回腳，喝一頓酒。他說他們喝酒的小館就在官道旁邊，門口的標誌就是一隻漏勺和一把掃帚，漏勺表示有菜，掃帚表示有酒。

宋朝實行酒水專賣政策，正規酒坊均為官營，正規酒館裡賣的也都是官酒。民營飯店想賣酒，可以去官營酒坊批發，也可以通過大酒樓分銷，甚至還可以從官府手中高價買麴，然後自己來釀，賣不完的也可以分銷給其他飯店。有分銷權的酒店叫作「正店」，從正店那裡買酒的酒店叫作「腳店」，正店和腳店之間並沒有隸屬關係，只是一級經銷商和二級經銷商的關係。

單看法律條文，宋朝的酒水專賣非常嚴格，售賣私酒會被判處徒刑，還要罰沒家產，分一半給舉報人。但官府實際執行起來往往會網開一面，對鄉野小店睜一隻眼閉一隻眼。第一，賣私酒的小酒館太多，禁不勝禁，管不勝管；第二，宋朝統治者相對有人情味，除非碰到宋徽宗那種混蛋皇帝，否則不會把老百姓逼到絕路，農民婚喪用酒，路邊小店賣酒，基本上是可以自釀的，只要別太招眼就行。

《水滸傳》中武松在路邊那家小酒館消費，喝的就是私釀。因為店家跟他明確說過：「我家的酒雖然是村裡的酒，可是比得上老酒的滋味。」村裡的酒，當然是私釀。陸游當年寫《遊山西村》：「莫笑農家臘酒渾，豐年留客足雞豚。」那種農家臘酒自然也是私釀。私釀不合法，但是便宜，如果去都市里的大酒樓喝官酒，那就太貴了。

南宋筆記《都城紀勝》有云：「大抵店肆飲酒，在人出著如何，只知食次，謂之下湯水，其錢少止百錢。五千者謂之小分下酒。」在臨安城中飯店裡消費，如果只點餐不喝酒，最少一百文就夠了。如果叫些小菜，點些酒水，少說也要花上五千文。「散酒店謂零賣，百單四、七十七、五十二、三十八，並折賣外坊酒……卻不甚尊貴，非高人所往。」（《都城紀勝》）升斗小民去低檔小酒館喝酒，有酒無菜，標價低廉，有一百零四文一碗的，有七十七文一碗的，有五十二文一碗的，有三十八文一碗的。

這種小酒館雖說低檔，畢竟在都市之中，酒錢裡肯定包含昂貴的房租。像武松在鄉野地面的小酒館喝酒，花錢應該會更少一些。

28 插入洞隙中，用來固定的上端平厚、下端尖扁的木塊。

宋朝的下酒菜

俗話說，無酒不成席，其實無菜更不成席。請客吃飯，沒有酒還說得過去，沒有菜絕對不行，否則餐桌上空空蕩蕩，幾個人抱著酒瓶子咕嚕咕嚕乾喝，或者端著大瓷碗西哩呼嚕乾吃，肯定沒勁透頂。所以正常的宴席必須有酒有菜，喝一杯酒，吃幾口菜，吃著喝著，這樣才符合中國人的飲食習慣。

宋朝人組織飯局，一樣需要有酒有菜。菜分兩類，一類是下酒用的，一類是下飯用的，酒席上的菜肴主要是下酒菜，不過宋朝沒有下酒菜這個稱呼，他們管下酒菜叫作「按酒」。

北宋大詩人梅堯臣寫詩讚美竹筍：「煮之按酒美如玉，甘脆入齒饞流津。」他誇竹筍是最地道的下酒菜。南宋版本的《白蛇傳》（原名《西湖三塔記》）裡面，白娘子款待許仙（原始版本不叫許仙，叫奚宣贊），吩咐丫鬟收拾酒席：「快安排來與宣贊作按酒！」她的意思是讓下人給許仙準備下酒菜。

我覺得「按酒」這個詞非常形象。「按」是抑制的意思，喝一口辣酒，能辣到喉嚨以下，胃裡翻江倒海，酸不拉嘰的感覺從下往上湧，必須吃一口菜才能把不斷上湧的酒氣「按」住。由此可見，宋朝人把下酒菜叫作「按酒」是非常寫實的，這跟他們把所有能在饑餓時安慰腸胃的非正式飯菜統統叫作「點心」是一樣的道理，我們知道，點心的本義是指用零食來安慰一下嗷嗷待哺的胃嘴兒。

宋朝點心的種類太多，凡是在正餐以外吃的食物都可以叫作點心。宋朝下酒菜的種類也是琳琅滿目，用最粗略的方法分，可以分成兩大類，一類叫作「肴」，一類叫作「核」。肴是指菜餚，核呢，在古漢語裡代指果品，包括橘子、蘋果、梨子、桃子等水果，也包括西瓜、甜瓜、菜瓜、木瓜等瓜果。蘇東坡在《前赤壁賦》裡寫道：「肴核既盡，杯盤狼藉。」意思是說酒都喝完了，用來下酒的菜肴和果盤也都吃得乾淨了，桌子上只剩一大堆空杯子和空盤子。

在現代宴席上，果品屬於甜點，一般放到最後才上，這時候已經不再喝酒了，吃點水果是為了醒酒。但是宋朝人一入座就得上果盤，當時的果盤不是用來醒酒，而是用來下酒，所以果盤在宋朝屬於下酒菜，而且還是正式宴席上必不可少的下酒菜。

南宋初年有四員大將：韓世忠、劉光世、張俊、岳飛。其中張俊在岳飛蒙冤的時候落井下石，取得了宋高宗的歡心，被封為清河郡王，朝廷還在臨安給他蓋了一所很大的別墅。別墅完工，宋高宗親自登門做客，張俊受寵若驚，給皇帝和隨駕群臣準備了一個非常豐盛的宴席。

在這場盛大的宴席上，首先上的是冷盤，有算籌形狀的醃肉條，有銀錠形狀的醃肉塊，有臘肉，有臘蝦，有醃菜瓜。其次上的就是果盤，包括葡萄、橄欖、金橘、椰子、柑和蓮子等。大家就著醃肉和水果隨意喝了些餐前酒，然後那些正式的大菜才一盤一盤地端上桌。

當年武松被充軍發配到河南孟州牢城營，金眼彪施恩款待他，讓他住單人牢房，還讓人給他送去酒菜：「坐到日中，又送來四般果子、一隻熟雞、許多蒸卷兒、一注酒。」送了四個果盤給他下酒。《水滸傳》寫於元末明初，書裡反映的並不全是宋朝的飲食風俗，也包括元朝或者明朝的特色，但是用果盤下酒這個規矩確實在宋朝很流行。

宋朝大學者沈括在他的百科全書式著作《夢溪筆談》裡描述過有錢人請客的場面：「有群妓十餘人，各執肴、果、樂器，妝服人品皆豔麗粲然。一妓酌酒以進，酒罷樂作，群妓執果肴者，萃立其前，食罷則分列其左右。」兩個人喝酒，一群丫鬟侍候，有的端著菜餚，有的捧著果盤，有的拿著樂器，讓客人隨意點。這段描寫再次證明用果盤下酒是宋朝的時尚。

跟今天相比，宋朝的運輸手段比較落後，又缺乏讓水果長時間保鮮的現代化設備，所以很難保證讓每個地方的吃貨都能在喝酒時嘗到新鮮的果品。但是宋朝的乾制技術和蜜餞工藝特別發達，大量鮮果被加工成「棗圈」、「梨圈」、「桃圈」、「梨條」、「山楂條」、「炒銀杏」、「炒栗子」、「煎雪梨」、「柿膏兒」、「黨梅」之類的乾果和蜜餞，保存期限很長，放上三五個月也不會變壞，所以即使在十冬臘月喝酒，一樣能安排幾十個果盤出來。

前面說過，宋朝的下酒菜分為「肴」與「核」這兩大類，核即果盤，肴指菜餚。菜餚也能再分為兩類：一類素菜，一類葷菜。

宋朝人愛吃肉（嚴守戒律的僧人、皈依佛門的居士以及南宋時在浙閩一帶秘密活動的明教教徒並不吃肉，但這些人屬於非主流，不代表大多數群眾的飲食喜好），尤其愛吃肥肉。興趣可以產生動力，喜好可以催生手藝，宋朝人烹調葷菜的技術空前發達。現代宴席上的葷菜，除了燕鮑翅，在宋朝差不多都能找到，包括火鍋。南宋有一道菜叫「拔霞供」，其實就是兔肉火鍋。

宋朝的素菜比葷菜還要豐富多彩，為了迎合那些吃不起肉食的低收入顧客，同時也為了滿足那些堅持食素而又想在菜肴上換換花樣的少數素食主義者，宋朝廚師發明了各種各樣的仿葷食品。他們可以用蘑菇做成鱔魚，用豆腐皮做成烤鴨，用蓮藕做排骨，用冬瓜做豬腳，用藕粉做火腿，用麵筋做糖醋肉片，用山藥做清蒸鯉魚。看起來都是葷菜，栩栩如生，以假亂真，放進嘴裡一嘗，才知道是素的，但是顧客從中獲得了新奇感和滿足感。

宋朝人下酒還有一個最大的特色，既不是仿葷的素菜，也不是五花八門的果盤，而是用主食下酒。

據南宋大詩人陸遊說，有一回他參加國宴，在座的都是高級官員，大家坐得很端正，吃得很莊嚴，在司儀的指揮下共同舉杯，共同吃菜，動作整齊劃一。每當大家共同喝完一杯酒的時候，侍者都會把餐桌上的菜餚撤下去，再端上一道全新的菜餚。那天與宴者各自喝了九杯酒，所以每張餐桌先後上了九道下酒菜。

這九道下酒菜具體是什麼呢？

第一道「肉鹹豉」，是先醃後煮然後曬乾的羊肉丁。

第二道「爆肉雙下角子」，是狹長的肉包子。

第三道「蓮花肉油餅」，做法不詳，看名字，想必是一種肉餅。

第四道「白肉胡餅」，也是一種肉餅。

第五道「太平」，又叫「太平乾飯」，很多學者過去一直以為它是餡餅，事實上它是唐朝時期從中亞傳過來的羊肉炒飯（到了明朝才演變成餡餅）。

第六道「假黿魚」，是用雞肉、羊頭、蛋黃、粉皮和木耳加工的一種象形食品，看起來是鱉，其實不是：鱉肉是雞肉做的，鱉裙是黑羊頭的臉肉做的，鱉背是一大片木耳，鱉腹是一小片粉皮。

第七道「奈花索粉」，是類似綠豆粉的一種粉乾，滾水煮熟，用薑花作裝飾。

第八道「假沙魚」，做法不詳。

第九道「水飯鹹旋鮓瓜薑」，是用半發酵米湯調製的泡菜。

看完這九道菜，我覺得我能得出兩個結論：一是南宋朝廷辦國宴並不愛炫，差不多都是家常菜；二是那時候挺喜歡用主食下酒，以上九道菜裡的肉餅、炒飯和包子都是主食。

大夥可能會認為用主食下酒很怪異，但是我嘗試過，感覺也不是那麼難以接受。中原地區有句民諺：餃子就酒，越喝越有。不用菜，直接用餃子來下酒，也是別有一番風味的。

我還試過用炒饅頭下酒。把曬乾的饅頭掰碎，擱鍋裡快炒，邊炒邊灑鹽水、下蛋糊，炒得饅頭粒粒鬆軟、顆顆金黃，盛到盤子裡，吃一粒炒饅頭，喝一口老黃酒，那味道更是妙不可言。最重要的是，這樣喝酒效率很高，酒喝足了，飯也飽了，真正叫作酒足飯飽。

最後一道送客湯

蘇東坡在杭州做官時，辦過一所慈善醫院，取名「安樂坊」。窮人看不起病，可以到安樂坊看病；買不起藥，可以去安樂坊抓藥。

安樂坊有位醫生，名叫方勺，讀過書，會寫文章，是個實實在在的儒醫。這位儒醫比較看好橘皮的療效，他寫文章說：

外舅莫強中知豐城縣，有疾，凡食已，輒胸滿不下，百方治之不效。偶家人輩合橘紅湯，因取嘗之，似有味，因連日飲之。一日坐廳事，正操筆，覺胸中有物墜於腹，大驚目瞪，汗如雨。須臾腹痛，下數塊如鐵彈子，臭不可聞。自此胸次廓然，其疾頓愈，蓋脾之冷積也。抱病半年，所服藥餌凡數種，不知功乃在一橘皮，世人之所忽，豈可不察哉？

方勺的岳父得了怪病，消化不良，不管吃什麼，都堵在胃裡下不去，怎麼治都治不好，難受透了。有一天，家裡僕人熬湯，岳父聞著味道不錯，問是什麼湯，僕人說是橘紅湯。岳父說：「給我盛碗嘗嘗。」這一嘗，咦，上癮了，一連喝了好幾天。幾天以後，岳父正在辦公，忽然覺得胃裡咕嚕嚕響，明顯感覺有東西從胃裡往下滑，緊接著肚子一陣劇疼。不行，趕緊上廁所！從廁所出來，方岳父胃裡空了，精神爽了，消化不良滾遠了，吃多少藥都不見好的病，被一道橘紅湯給治好了。

這麼神奇的橘紅湯是怎麼做出來的呢？很簡單：「橘皮去瓤，取紅一斤，甘草、鹽各四兩，水五碗，慢火煮乾，焙搗為末，點服。」（方勺《泊宅編》卷八）一斤橘子皮、四兩甘草、四兩鹽、五碗水，放鍋裡煮，小火煮乾，把橘皮和甘草盛出來，先焙乾，再搗成粉末，用開水沖勻，像喝中藥湯劑一樣喝下去。

方勺還說，如果只用橘皮和甘草，不放鹽，同樣是焙乾搗碎，開水沖服，稱為「二賢散」（橘皮是一賢，甘草是一賢，並稱二賢）。橘紅湯主治消化不良，二賢散則能化痰，世間庸醫只懂用半夏、南星、枳實、茯苓來化痰，哪知道橘皮和甘草有更好的功效呢？

二賢散真的可以化痰嗎？橘紅湯真的主治消化不良嗎？我們不懂中醫，也沒有做過大樣本雙盲檢測，不敢相信，也不敢不信。宋朝人對這類湯劑倒是深信不疑，有病的時候照方服用，平常沒病的時候也會拿它們當飲料喝。

《事林廣記》別集有一節《諸品湯》，主要抄自宋朝藥典《太平惠民和劑局方》，記載了木瓜湯、水芝湯、縮砂湯、無塵湯、荔枝湯、洞庭湯、木犀湯、香蘇湯、橙湯、桂花湯、烏梅湯等十幾種作為日常飲料的湯劑，現在我們來看看它們的具體作法。

木瓜湯：去過瓤的木瓜四兩、烤過的甘草二兩半、炒過的茴香一兩、炒過的白檀一兩、沉香半兩、縮砂二兩、乾薑二兩、白豆蔻半兩，將以上材料碾成粉末，放到碗裡，加點鹽，用開水沖勻。據說這道湯祛風除濕，還能治糖尿病。

水芝湯：帶皮帶芯乾蓮子一斤、去皮微炒甘草一兩。乾蓮子搗成碎末，甘草切細再碾成粉，兩者混合，每次服用時捏出二錢，放到碗裡，加點鹽，開水沖服。據說這道湯的功效是通心氣、益精髓。

縮砂湯：縮砂四兩、烏藥二兩、炒過的香附子一兩、烤過的甘草二兩，以上材料碾磨成粉，加鹽沖服，醒酒有奇效。

無塵湯：冰糖（宋朝稱「糖稀」）二兩、龍腦香三兩。冰糖碾碎，篩出粉末，摻入龍腦香，再碾一遍，開水調勻喝下去。每次喝一碗，每次投放冰糖與龍腦香的劑量只要一錢，當時碾磨，當時沖勻，當時端給客人，當時讓客人享用，不要提前做好，否則香氣就沒有了。這道湯有什麼功效，《事林廣記》沒有寫明，估計就是為了讓客人享用那種又甜又香的感覺。

荔枝湯：去核烏梅四兩焙乾、乾薑二兩、甘草半兩、官桂半兩，以上材料弄成粉末，加入一斤半蔗糖（宋朝稱「松糖」），攪拌均勻，用瓷罐裝起來。家裡來了客人，捏出一撮，開水沖勻，端出來饗客。

洞庭湯：太湖洞庭山上產的橘子一斤，剝開去核，然後連皮帶瓤切成片。再來半斤生薑，也切成片。再來十二兩鹽，將橘片和薑片醃起來，醃三四天，拿出來曬，再擱鍋裡焙乾，再碾成細末，再摻入三兩甘草粉，攪拌均勻，瓷罐貯藏，每次取出一撮，開水沖服。

木樨湯：白木樨半開時，帶枝摘下，每朵花蕊配兩片白梅果，一片在上，一片在下，把木樨花夾在當中，層層疊疊塞到瓶子裡，灌入生蜜，封瓶存放。過一段時間，白梅果浸透了木樨的香味，木樨花浸透了蜂蜜的甜味，開瓶取一朵，放在碗底，開水一沖，香氣撲鼻，甜美如蜜，還能嘗到白梅的酸味。

香蘇湯：乾棗一斗（約六斤），掰碎，去核。木瓜五個，去瓤，搗碎。紫蘇葉子半斤，與碎乾棗和碎木瓜放一塊搗勻，攤在竹籮上，再把竹籮架在鍋沿上，用滾水慢慢往下沖。嘩啦啦，嘩啦啦，帶著瓜棗甜味和紫蘇香味的水淋到了鍋裡。然後撤掉竹籮，蓋上鍋蓋，燒火加熱，慢慢熬製。鍋裡的水越來越稠，越來越稠，漸漸被熬成了稠膏（主要成分是果糖、果膠與少量的澱粉）。將稠膏盛入瓷罐，可以長期保存，待客時取出一點，開水沖服。

烏梅湯：烏梅三十顆，煮軟，去核，搗成泥，濾淨水分，用粗紗包住使勁擰，擰成一團黏稠的果泥。蔗糖一斤，甘松、藿香各一錢，三者入鍋，加水熬煮，濾出渣滓，熬成稠膏（主要成分是麥芽糖）。將這些稠膏與烏梅的果泥放在一起，添入一盞薑汁、半兩檀香，繼續加水熬煮，冷卻後，又形成一大團稠膏，盛入瓷罐，密封保存。飲用之時，方法同前，仍然是取出一點點放在碗底，開水沖勻再喝。

陸游說過宋朝人的待客風俗：「客至則設茶，客去則設湯。」客人到家，先敬茶；客人告辭，再敬湯。現在我們豫東老家也有類似風俗，特別是紅白喜事宴席，上菜前先給客人上茶，離席時再給大家上湯。上什麼湯呢？以前是紫菜蛋花湯、玉米雞蛋湯，前者鹹，後者甜，兩道湯一前一後上桌，作為宴席的收尾之作，現在則只剩一道「三狠湯」來收尾。三狠者，有醋、有蘑菇、有辣椒，很酸、很鮮、很辣是也。除了蘑菇和辣椒，三狠湯裡一般也少不了蛋花，所以在我們那，無論紫菜蛋花湯、玉米雞蛋湯還是三狠湯，都被稱為「送客湯」，俗稱「滾蛋湯」，所有明白人都知道，此湯一到，即宣告宴席結束。

宋朝送客湯沒這麼俗氣。南宋朱彧《萍洲可談》載：「今世俗，客至則啜茶，去則啜湯。湯取藥材甘香者屑之，或溫或涼，未有不用甘草者，此俗遍天下。」當時送客湯是用又甜又香的藥材為主料，並且都要加入甘草，將不同的藥材按照合適的比例進行配伍，弄成粉末（屑之），熱水沖服，全國到處都是這樣。按照朱彧的描述，本文開頭方勺岳父飲用的橘紅湯就屬於送客湯，《事林廣記》中收錄的木瓜湯、水芝湯、縮砂湯、荔枝湯、洞庭湯也屬於送客湯。

送客湯的口味有甜有鹹，甚或兼具甜鹹，不管它們是什麼口味，其加工方法與飲用方法都有明顯的宋茶特色。也就是說，宋朝人送客的湯跟他們待客的茶非常相似。

宋人製茶，製的是蒸青研膏茶。新鮮茶葉漂洗乾淨，放入蒸籠蒸到發黃，取出攤涼，搗成稠膏，榨出苦汁，加水研磨，直到苦澀成分消失大半，再入模壓成小茶磚，最後進行烘焙和包裝。

再看他們加工的湯劑，又是舂搗，又是碾磨，又是烘焙，又是熬煮，是不是很像做宋茶的手法？湯劑的成品不是稠膏就是粉末，飲用時還要加水沖勻，是不是很像喝宋茶的過程？在宋朝俗語中，茶與湯幾乎是不分家的，侍候起居的僕人叫「茶湯人」，給人小費叫「茶湯錢」，或許正是因為他們做茶很像做湯，喝湯很像喝茶吧？

食在宋朝：大宋餐桌上的料理實驗室

作　　者　李開周

發 行 人　林敬彬
主　　編　楊安瑜
編　　輯　鄒宜庭、林子揚
美術設計　蔡致傑
編輯協力　陳于雯、高家宏

出　　版　大旗出版社
發　　行　大都會文化事業有限公司
11051臺北市信義區基隆路一段432號4樓之9
讀者服務專線：(02)27235216
讀者服務傳真：(02)27235220
電子郵件信箱：metro@ms21.hinet.net
網　　　址：www.metrobook.com.tw

郵政劃撥　14050529 大都會文化事業有限公司
出版日期　2020年01月初版一刷・2022年10月二版一刷
定　　價　380元
ISBN　978-626-95985-9-5
書　　號　B221001

◎本書由四川文藝出版社有限公司授權繁體字版之出版發行。
◎本書如有缺頁、破損、裝訂錯誤，請寄回本公司更換。

國家圖書館出版品預行編目（CIP）資料

食在宋朝 : 大宋餐桌上的料理實驗室 / 李開周著. -- 二版. -- 臺北市 : 大旗出版 : 大都會文化發行, 2022.10
288面 ;14.8×21公分
ISBN 978-626-95985-9-5(平裝)

1. 飲食風俗 2. 文化史 3. 宋代

538.782　　111010105

大都會文化　讀者服務卡

書名：**食在宋朝：大宋餐桌上的料理實驗室**

謝謝您選擇了這本書！期待您的支持與建議，讓我們能有更多聯繫與互動的機會。

A. 您在何時購得本書：______年______月______日

B. 您在何處購得本書：____________書店，位於____________（市、縣）

C. 您從哪裡得知本書的消息：

1. □書店　2. □報章雜誌　3. □電臺活動　4. □網路資訊
5. □書籤宣傳品等　6. □親友介紹　7. □書評　8. □其他

D. 您購買本書的動機：（可複選）

1. □對主題或內容感興趣　2. □工作需要　3. □生活需要
4. □自我進修　5. □內容為流行熱門話題　6. □其他

E. 您最喜歡本書的：（可複選）

1. □內容題材　2. □字體大小　3. □翻譯文筆　4. □封面　5. □編排方式　6. □其他

F. 您認為本書的封面：1. □非常出色　2. □普通　3. □毫不起眼　4. □其他

G. 您認為本書的編排：1. □非常出色　2. □普通　3. □毫不起眼　4. □其他

H. 您通常以哪些方式購書：（可複選）

1. □逛書店　2. □書展　3. □劃撥郵購　4. □團體訂購　5. □網路購書　6. □其他

I. 您希望我們出版哪類書籍：（可複選）

1. □旅遊　2. □流行文化　3. □生活休閒　4. □美容保養　5. □散文小品
6. □科學新知　7. □藝術音樂　8. □致富理財　9. □工商企管　10. □科幻推理
11. □史地類　12. □勵志傳記　13. □電影小說　14. □語言學習（____語）
15. □幽默諧趣　16. □其他

J. 您對本書（系）的建議：

____

K. 您對本出版社的建議：

____

讀者小檔案

姓名：______________　性別：□男　□女　生日：____年____月____日

年齡：□ 20 歲以下 □ 21 ～ 30 歲 □ 31 ～ 40 歲 □ 41 ～ 50 歲 □ 51 歲以上

職業：1. □學生 2. □軍公教 3. □大眾傳播 4. □服務業 5. □金融業 6. □製造業
7. □資訊業 8. □自由業 9. □家管 10. □退休 11. □其他

學歷：□國小或以下 □國中 □高中／高職 □大學／大專 □研究所以上

通訊地址：____

電話：（H）______________（O）______________　傳真：______________

行動電話：__________________ E-Mail：______________________________

◎謝謝您購買本書，也歡迎您加入我們的會員，請上大都會文化網站 www.metrobook.com.tw 登錄您的資料。您將不定期收到最新圖書優惠資訊和電子報。

食在宋朝

大宋餐桌上的料理實驗室

李開周 著

北區郵政管理局
登記證北臺字第9125號
免貼郵票

大都會文化事業有限公司

讀　者　服　務　部　　收

11051 臺北市基隆路一段432號4樓之9

寄回這張服務卡〔免貼郵票〕
您可以：
◎不定期收到最新出版訊息
◎參加各項回饋優惠活動

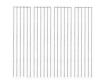

98 04 43 04

劃撥儲金存款單

收款帳號	1	4	0	5	0	5	2	9	金額 新台幣（小寫）	億	仟萬	佰萬	拾萬	萬	仟	佰	拾	元

通訊欄（限與本次存款有關事項）

我要購買以下書籍

書名	單價	數量	合計

購書金額未滿600元，另加收60元國內掛號郵資或貨運專送運費。

總計數量及金額：共＿＿＿本，合計＿＿＿元

收款戶名：**大都會文化事業有限公司**

寄款人 □他人存款 □本戶存款

姓名

地址 □□□－□□

電話

主管：

經辦局收款戳

虛線內備供機器印錄用請勿填寫

◎寄款人請注意背面說明

◎本收據由電腦印錄請勿填寫

郵政劃撥儲金存款收據

收款帳號戶名

存款金額

電腦紀錄

經辦局收款戳

郵政劃撥存款收據注意事項

一、本收據請妥為保管，以便日後查考。

二、如欲查詢存款入帳詳情時，請檢附本收據及已填妥之查詢函向任一郵局辦理

三、本收據各項金額、數字係機器印製，如非機器列印或經塗改或無收款郵局收訖章者無效。

大都會文化、大旗出版社讀者請注意

一、帳號、戶名及寄款人姓名地址各欄請詳細填明，以免誤寄；抵付票據之存款，務請於交換前一天存入。

二、本存款單金額之幣別為新台幣，每筆存款至少須在新台幣十五元以上，且限填至元位為止。

三、倘金額塗改時請更換存款單重新填寫。

四、本存款單不得黏貼或附寄任何文件。

五、本存款金額業經電腦登帳後，不得申請撤回。

六、本存款單備供電腦影像處理，請以正楷工整書寫並請勿摺疊。帳戶如需自印存款單，各欄文字及規格必須與本單完全相符；如有不符，各局應婉請寄款人更換郵局印製之存款單填寫，以利處理。

七、本存款單帳號與金額欄請以阿拉伯數字書寫。

八、帳戶本人在「付款局」所在直轄市或縣(市)以外之行政區域存款，需由帳戶內扣收手續費。

如果您在存款上有任何問題，歡迎您來電洽詢

讀者服務專線：(02)2723-5216(代表線)

為您服務時間：09：00～18：00(週一至週五)

大都會文化事業有限公司　讀者服務部

交易代號：0501、0502 現金存款　0503票據存款　2212 劃撥票據託收

冰雪冷元子

韭餅

雪藕

血肚羹

炊栗

羊頭簽

拔霞

飯乾平太

白粲

鍾蒸餅

爆肉

雙下角子

木瓜湯

奈花索

奶房旋鮓

血漿鴨

剪花饅頭

煨芋

蒸羊羔

燒羊

槐葉冷淘

土酥

畢羅

榆皮索餅

肉鹹豉

荔枝湯

梨肉好郎君

黃雀鮓

千層

紫之

綠豆甘草冰雪涼

淹水木瓜

春蘭

螃蟹清羹

炙魚

綠粉

羊肉饅頭

玉板

學饅頭

玫瑰金橘

水滑麵

砌香

杏片

棗栗餡

櫻桃

豆沙餡

薑梅

引

餺飥

瓜蔞煎

蒸鰣魚

羊肝

蟹黃

菜餅

索餅

橙湯

春餅

土兒辣羹

灌湯包

餕餡兒

薄皮

荷花湯餅

炒鶉子

藥木瓜

浮助酒蟹

細

糖醋茄

雞頭釀砂糖

鱠

蟹黃包

糝湯

子母繭

鵝鴨包子

水飯

滴酥鮑螺

東坡羹

漿水

乳餅

蝤蛑簽

啜羹

炸蟹

脫粟飯

淡茄乾

香稻米

甘薺

睡蒸餅

薦韭

香藥葡萄

奶房簽

玉延

水晶皂兒

麵
羊肉饅頭
山海羹
筍肉
洗手蟹
水團
撥魚
螃蟹釀橙
豉羹
紅燒肉
瓊珠
水滑麵
沙魚縷
玉磚
鶉茄
沙魚翅鰾
槐芽溫淘
土步辣羹
羹菜
蒸子鵝
腸血粉羹
糖蒸茄
薑絲梅兒
沙魚襯湯
蒸羊
沙魚膾
白蒿湯餅
糖霜玉蜂兒